Thomas Rau · Sabine Oberhuber
Material Matters

THOMAS RAU UND SABINE OBERHUBER

MATERIAL MATTERS

Wie wir es schaffen, die Ressourcenverschwendung zu beenden, die Wirtschaft zu motivieren, bessere Produkte zu erzeugen und wie Unternehmen, Verbraucher und die Umwelt davon profitieren

Aus dem Niederländischen
von Ira Wilhelm

ECON

Die Originalausgabe erschien 2017 unter dem Titel
Material Matters. Het alternatief voor onze roofbouwmaatschappij
bei Bertram + de Leeuw Uitgevers

MIX
Papier aus verantwortungsvollen Quellen
FSC® C014496

Econ ist ein Verlag der Ullstein Buchverlage GmbH

ISBN: 978-3-430-20268-8

Auflage 2018

Umschlaggestaltung: Brian Barth
Autorenfoto: privat (Rau), privat (Oberhuber)
Lektorat: Claudia Cornelsen
Gesetzt aus der Scala
Satz: LVD GmbH, Berlin
Druck und Bindearbeiten: GGP Media GmbH, Pößneck
Printed in Germany

INHALT

1.

MATERIAL MATTERS ODER: WAS SOLL DAS BEDEUTEN?

»Nichts auf der Welt ist so mächtig wie eine Idee, deren Zeit gekommen ist.«
VICTOR HUGO

»MATERIAL MATTERS – das ist kein guter Titel für den deutschen Sprachraum«, sagte der Verleger, als wir im Frühjahr 2017 erstmals über eine deutsche Version unseres niederländischen Bestsellers nachdachten.

»MATERIAL MATTERS – ein englischer Buchtitel geht gar nicht«, stöhnte die deutsche Lektorin beim ersten Meeting im Verlag.

»MATERIAL MATTERS – vollkommen unverständlich!«, urteilten Vertriebsprofis über unser Buch.

Stimmt. Und stimmt doch nicht.

Wir haben unzählige mögliche Buchtitel entwickelt und hatten immer wieder neue Lieblinge. Die Spanne reichte von »Lang lebe die Waschmaschine« bis zu »Ist das Müll oder kann das weg?«. Wir versuchten Wortspiele von »Endlich unendlich« bis zu »Ende ohne Ende«. Wir arbeiteten mit Metaphern wie »Wenn die Erde eine Kuh wäre« oder »Honig und Stahl«. Wir stellten Fragen wie »Was, wenn ich das Ding nicht mehr brauche?« oder »Welches Sofa nehmen Sie mit zum Campen?«. Wir gaben Antworten, etwa »Wir haben uns die Wirtschaft nur geliehen« oder »Wie wir das Rad der Wirtschaft neu erfinden«. Wir experimentierten mit Fremdwörtern etwa »Materialitätsökonomie« oder »Die radikale Transformation«. Und wir arbeiteten mit Anspielungen auf berühmte Vorgänger: »Wohlstand für alles«, »Mehr Licht« oder »Das Material«.

Aber am Ende landeten wir immer wieder beim Titel des Originals: »MATERIAL MATTERS«.

Ja, das ist Englisch. Stimmt, das ist nicht eindeutig. Richtig, es ist nicht mal doppeldeutig. Genau, es ist dreideutig! Wir werden gleich erläutern, inwiefern. Doch der Reihe nach.

Eindeutig geht es in diesem Buch um »Material«.[1]

Sich mit Material, mit Gegenständen, mit Dingen zu beschäftigen, scheint im 21. Jahrhundert, dem Zeitalter der Globalisierung und Digitalisierung, geradezu anachronistisch. Längst leben wir nicht mehr in einer Realität, die man sehen und anfassen kann. Betrachtet und gesehen werden wir immer häufiger nicht mehr von Augen und menschlichem Verstand, sondern von Kameras und künstlicher Intelligenz. Berührt und erfasst werden wir immer seltener von Fingern und Händen, sondern von 360-Grad-Kameras oder von Body- oder Nacktscannern. Die größten Abenteuer erleben wir vermeintlich nicht mehr körperlich mit Schweiß und Tränen, sondern virtuell in unserer Fantasie.

Alle Welt redet vom Gegenteil: dem Immateriellen, von Internet und Social Media, von Virtuellen Realitäten und der Loslösung von Zeit und Raum. In der Wirtschaft basieren Geschäfte nicht mehr auf der Produktion konkreter Waren, sondern zunehmend auf der Schaffung immaterieller Werte durch Dienstleistung. Womit handelt Facebook? Was verkauft Google? Ist das Zeitalter der Schwerindustrie um Kohle, Stahl und Beton vorbei? Wir reisen gedanklich und per Skype um die Welt. Sport findet nicht mehr unbedingt auf dem Platz oder in der Halle statt, sondern auch im Computer. E-Sports, also Computer- und Videospiele, werden neben den üblichen Sportarten wie Fußball, Turnen oder Karate schon im Jahr 2022 Teil der Asiatischen Spiele im chinesischen Hangzhou sein.

Und jetzt kommen wir und behaupten: »MATERIAL MATTERS!« Sind wir verrückt geworden?

Wer sind wir überhaupt?

Wir sind …

… Sabine Oberhuber: Ich liebe Pioniergeist und bahnbrechende Ideen. Als Kind wollte ich Astronaut werden, doch als Teenager realisierte ich: ›the new frontier‹ ist nicht das All, sondern unser Leben mit der Erde. Deshalb habe ich Wirtschaft, Politik und Geschichte in Freiburg und Münster studiert, meinen Master in Management an der European School of Management (ESCP) in Paris, Oxford und Berlin gemacht. So kann ich meine Faszination für intellektuelle und interdisziplinäre Herausforderungen und meine Leidenschaft für den Planeten miteinander verbinden.

… und Thomas Rau: Durch einen schweren Verbrennungsunfall als Kind habe ich die Endlichkeit des Seins buchstäblich hautnah erfahren. Seitdem ist Endlichkeit mein Lebensthema, die Welt verändern meine Agenda und so schnell wie möglich, meine Herausforderung. Architektur greift am tiefsten in den Organismus der Erde ein, hat direkten Einfluss auf das gesellschaftliche Leben, und bedient zeitliche Bedürfnisse des Menschen. Deshalb habe ich an der RWTH Aachen Architektur studiert und parallel an der Alanus Hochschule in Alfter bei Bonn, einer privaten Hochschule der musischen und bildenden Künste. 1992 gründete ich das Architektenbüro RAU in Amsterdam mit heute ca. 20 Mitarbeitern. Mit meinem Team setzen wir Maßstäbe im Bereich energieproduzierender und nachhaltiger Gebäude. Dabei belassen wir es niemals bei dem Status quo, sondern sind beständig auf der Suche nach dem nächsten Fort – Schritt.

Wir beide, Sabine und Thomas, sind nicht nur privat ein Paar, das mit drei Kindern in der Nähe von Amsterdam lebt, unsere gemeinsame Leidenschaft ist erstens: Wir wollen die Welt verändern, und zweitens: so schnell wie möglich! Daran arbeiten wir seit vielen Jahren gemeinsam. Im Laufe der Zeit sahen wir, dass wir in den Fragen, die an uns herangetragen wurden, eine wichtige Dimension vermissten: Für den Erhalt eines bewohnbaren Planeten ist schlichtweg viel mehr notwendig als energieproduzierende und gesunde Gebäude allein. Nachhaltigkeit optimiert das heutige System, führt aber nicht zur Systemveränderung.

Deswegen haben wir 2010 »Turntoo« gegründet, ein Architektenbüro, das sich die Gestaltung der Architektur eines neuen Wirtschaftssystems zur Aufgabe gemacht hat. Nur wenn wir die Geschäftsmodelle ändern, können wir auch die Realität verändern. Bei Turntoo machen wir uns einerseits intensiv und systematisch Gedanken über unseren Planeten und seine Zukunft und arbeiten gleichzeitig an der praktischen Umsetzung unserer Ideen. Turntoo ist die erste Organisation in den Niederlanden, die sich auf die »Circular Economy« spezialisiert hat. Turntoo hat als erstes Unternehmen der Welt Licht als Service eingeführt. Wir kooperieren mit zahlreichen Organisationen, um zirkuläre Modelle zu entwickeln und bekannt zu machen. Mit einem Team von Spezialisten begleiten wir Organisationen in der Entwicklung und Implementierung von zirkulären Geschäftsmodellen, von Einkaufsstrategien und von Tools, die den Erhalt von Rohstoffen garantieren.

Wir verwenden bewusst den englischen Term »Circular Economy«, da die direkte Übersetzung ins Deutsche – der Begriff »Kreislaufwirtschaft« – zu sehr mit bestehenden Ideen für Recycling verbunden ist, so sehr sogar, dass er der Entwicklung der Circular Economy in Deutschland im Wege steht. Dieses Dilemma haben wir kürzlich auch mit Experten auf einer Fachtagung der BMW Foundation besprochen, die sich aus eben diesem Grund ebenfalls gegen den Begriff Kreislaufwirtschaft entschieden haben. Denn bei der Circular Economy geht es um weit mehr.

Der Ausgangsgedanke von Turntoo ist, dass jedes Gebäude und jedes Produkt ein Materialdepot ist, also ein Rohstoffvorrat für die Zukunft. Um dies zu gewährleisten, brauchen wir eine grundsätzlich andere Organisation unserer Wirtschaft, beginnend mit neuen Geschäftsmodellen, anderem Produktdesign und konsequenter Registrierung der Materialien. Anders als bei Recycling und Initiativen wie dem Grünen Punkt, sind wir davon überzeugt, dass der Schlüssel für die Veränderung bei den Unternehmen selbst liegt und dass dieses Modell für Unternehmen, Verbraucher und den Planeten große Vorteile mit sich bringt. So haben wir zum Beispiel eine Einkaufsstrategie für die Büroeinrichtungen des Niederländischen Staates entwickelt, basierend auf den Prinzipien der Circular Economy. Interessanterweise war das Resultat nicht nur wesentlich nachhaltiger, sondern auch noch erheblich kostengünstiger.

Als wir 2010 mit Turntoo begannen, war der Begriff »Circular Economy« noch völlig unbekannt. So unbekannt, dass das, was wir propagierten, in den Niederlanden als Turntoo-Modell bezeichnet wurde.

2011 ließ die ebenfalls 2010 gegründete EllenMacArthur Foundation durch McKinsey einen Bericht über das ökonomische Potenzial der Circular Economy erstellen, der 2012 beim Weltwirtschaftsforum präsentiert wurde. Auch wir wurden als Experten für diesen Bericht befragt und zur Präsentation eingeladen, und so fanden wir uns plötzlich in Davos wieder, um hochrangigen Wirtschaftsvertretern von unseren Erfahrungen mit den Vorzügen der Circular Economy für Unternehmen zu berichten.

Neben der Umsetzung konkreter Projekte ist die gesellschaftliche Verankerung dabei stets eine wichtige Triebfeder für uns. Deshalb entwickelten wir von Anfang an eine intensive Vortragstätigkeit. Als wir 2015 unsere Vision für das Niederländische Fernsehen in der Dokumentarreihe »VPRO Tegenlicht« zusammenfassen durften, entstanden auch die Idee und der Grundstein für dieses Buch.

Take, Make and Waste – System der Endlichkeit

Wieso reden wir von Material, während andere die Dematerialisierung durch weltweite Digitalisierung beschwören. Sind wir aus der Zeit gefallen?

Nein. Im Gegenteil!

Keine Frage: Wir leben in einer Zeit schneller Veränderungen. Kein Tag vergeht, an dem wir nicht das Abbröckeln vertrauter Sicherheiten erleben und Dinge, die wir bis dato für unmöglich gehalten haben, als neue Realität akzeptieren müssen – siehe den Brexit oder die Nachrichten, die uns seit dem »völlig unwahrscheinlichen« Ausgang der amerikanischen Präsidentschaftswahlen 2016 beinahe täglich erreichen. Aber war und ist dies alles wirklich so überraschend? Oder haben wir nicht in Wahrheit die zugrunde liegenden Ursachen schlichtweg übersehen, die Vorzeichen negiert?

Schon seit Jahren gibt es dringende Probleme in unserer globalisierten Gesellschaft, die wir systematisch ausblenden. Solange die Konsequenzen nicht direkt vor unserer Nase stehen, erlauben wir uns, sie zu vernachlässigen. Es ist ja noch lang hin, sagen wir beschwichtigend. Was kümmern uns die Probleme von morgen, wenn wir doch heute schon so viele andere Probleme haben?

Erst wenn die Probleme so drastisch und aktuell werden, dass sie unseren Alltag erreichen, sind wir zum Handeln bereit. Aber dann ist es für eine adäquate Antwort meist zu spät.

Das gilt vor allem für die ökologische Krise, die sich schon seit einem halben Jahrhundert ankündigt und von Jahrzehnt zu Jahrzehnt und inzwischen von Jahr zu Jahr immer dringlicher wird. Zwar erreicht sie immer öfter in Form von Wirbelstürmen oder Überschwemmungen via einen Bildschirm unsere täglichen Nachrichten, aber nur um dann sehr schnell wieder im Trubel und der Kurzatmigkeit unserer medialen Welt unterzugehen.

Die ökologische Krise hat tief liegende Ursachen. Sie wurzelt weit unten in einem ökonomischen System, in dem die Werte der Gewinn- und Verlustrechnung die wichtigsten Handlungsparameter darstellen. Und damit nicht genug: Unsere Kultur ist von diesem einseitigen ökonomischen Denken fast vollständig durchdrungen. Doch wer stets durch eine rein quantitative, ökonomische Brille auf die Welt blickt, kann soziale und ökologische Werte nicht mehr wahrnehmen. Folge: Aus der Perspektive der Gewinn- und Verlust-Ökonomie gibt es scheinbar kein ökologisches Problem. Brille auf, Problem weg! Die Ausbeutung von natürlichen Ressourcen ist plötzlich der normale Lauf der Dinge. Müllberge, Klimawandel, Raubbau an der Natur – nur die Späne gängiger Hobelarbeit. Doch diese Art der jahrzehntelangen Ignoranz führt zu einer Bedrohung des gesamten Planeten.

Also Brille ab und hinsehen!

Inzwischen ist es offensichtlich: Die großen globalen Herausforderungen hängen mit unserem Wirtschaftssystem zusammen, das angeblich komplex, aber in Wahrheit unglaublich simpel organisiert ist, nämlich linear. Wir kennen immer nur eine Richtung: Rohstoffe gewinnen, gebrauchen und schließlich wegwerfen – Take, Make and Waste. Es ist dieses Prinzip, das nicht nur zu einer gigantischen Verschwendung von Rohstoffen, sondern auch zu Klimawandel und einer zunehmenden Zerstörung von Ökosystemen führt.

Unser Wirtschaftssystem ist ausgerichtet auf kontinuierliches Wachstum. Unser Wohlstand hängt davon ab, dass Produkte in stets größeren Mengen konsumiert werden.

Deshalb wird die Lebensdauer von Produkten mittlerweile künstlich verkürzt. Unser Smartphone ist nach zwei Jahren schon nicht mehr up to date, ein Drucker gibt nach einer festgelegten Anzahl von Kopien den Geist auf und mit den Schuhen der letzten Saison macht man sich dieses Jahr lächerlich.

Durch immer schneller wechselnde Modetrends werden Konsumenten gezwungen, sich jede Saison etwas Neues anzuschaffen. Das gilt nicht nur für Kleider, die mit der Mode kommen und gehen, Stichwort »Fast Fashion«. Das gilt inzwischen auch für einst generationsüberdauernde Güter wie Möbel oder Geräte. Ob Kühlschrank oder Kleiderschrank – alles muss nicht nur funktional, sondern auch »trendy« oder »up to date« sein. Technisch haben sich Thermoskanne, Toaster und Waschmaschine seit Jahrzehnten nicht fortentwickelt; trotzdem werden Jahr für Jahr alte Geräte durch neue ersetzt. Nicht weil sie kaputt oder disfunktional wären, sondern einfach, weil sie nicht mehr gefallen. Und immer öfter und immer schneller veralten Produkte durch »Innovationen«, die gar keine sind – vor allem in der IT-Welt zwingen datenmäßig aufgeblasene Software-Updates die Verbraucher irgendwann dazu, ein neues Gerät zu kaufen, obgleich das alte eigentlich noch wunderbar seinen Dienst getan hat. Und wie viele Geräte landen im Müll, einfach weil ein winziges Ersatzteil fehlt – oder eine Reparatur schlichtweg nicht möglich ist, weil die Produkte absichtlich so konstruiert wurden, dass sie nicht zu reparieren sind?!

Das gilt auch für das Wirtschaftssystem selbst. Wir können es nicht durch geringfügige Verbesserungen »reparieren«. Wir müssen es austauschen. Es ist notwendig, das Wirtschaftssystem fundamental anders zu organisieren.

Die Erde ist ein geschlossenes System. Unser Verbleib hier ist zeitlich begrenzt. Anstatt ein System zu nutzen, das das Fortbestehen von uns selbst und vieler anderer Wesen auf diesem Planeten in Gefahr bringt, müssen wir umdenken. Das wichtigste Ziel der Ökonomie muss dabei sein, die Wertschöpfung vom steigenden Verbrauch an Rohstoffen zu entkoppeln. Dafür sollten wir uns drei Erkenntnissen nicht länger entziehen:

Erkenntnis 1: Eigentum bedeutet Verantwortung

Wer heute etwas kauft, übernimmt ungefragt eine Verantwortung, die er oder sie gar nicht tragen kann. Wir erwerben – ohne es zu wollen und meist ohne es auch nur zu merken – nicht nur das, was wir zu kaufen glauben, sondern auch allerlei Dinge, die wir gar nicht wahrnehmen.

Wenn beispielsweise der Laptop, auf dem dieses Buch geschrieben wird, eines Tages nicht mehr unseren Anforderungen entspricht, dann tragen wir ihn zum Müll – oder im besten Fall zu einem Recyclinghof. Wir selbst sind mit einem verantwortungsvollen Umgang vollständig überfordert. Als individuelle Nutzer können wir nicht Sorge tragen für alle Materialien, die in diesem Laptop verarbeitet sind. Wir können schon gar nicht für ihre Wiederverwendung sorgen. Ja, schlimmer noch: Wir wissen meist noch nicht einmal, welche Rohstoffe oder Materialien sich in dem Laptop befinden, geschweige denn was ihre Eigenschaften sind. Dafür sind wir außerstande, langfristig die Verantwortung zu übernehmen.

Selbst wenn wir ahnen, dass manches im Innern der Geräte versteckt ist, das nicht kompostierbar ist. Selbst wenn wir auch ahnen, dass manches darin für die Verbrennung auf der Mülldeponie viel zu schade ist. Selbst wenn wir obendrein ahnen, dass manches hochgiftig oder für die Flora und Fauna, für die Menschheit oder das Klima gefährlich ist, sobald es in Kontakt mit ihr kommt.

Eigentum verpflichtet, steht im deutschen Grundgesetz. Aber wir kommen dieser Pflicht nicht nach, weil wir es nicht können.

Wir ahnen das. Wir wissen das. Aber wir wollen es nicht wahrhaben. Weil wir überfordert sind.

Diesem Dilemma könnten wir durch einen Systemwechsel entkommen. Ein System, in dem Produzenten verantwortlich für ihre Produkte bleiben, verbindet etwas, das im Sinne des Planeten verbunden gehört: die Macht zur Gestaltung des Produktes zum einen und die Verantwortung für das Material zum anderen. Die Hersteller eines Poduktes wissen sehr genau, welche Rohstoffe sie dafür verwenden. Wenn sie die Verantwortung für den weiteren Lebensweg der Rohstoffe nicht durch den Verkauf an ihre Kunden wegdelegieren könnten, sondern dafür verantwortlich blieben – dann würden und müssten sie sich überlegen, wie sie mit ihrer Verantwortung umgehen können. Es würde quasi von selbst ein Wirtschaftsmodell entstehen, in dem wertvolle Materialien nicht länger als Abfall verloren gehen, sondern in kontinuierlichen Kreisläufen zirkulieren.

Ein solches System würde automatisch zu einem anderen Umgang mit Eigentum führen – nämlich insofern, als wir nicht Eigentümer eines Gegenstands werden, sondern nur das Gebrauchsrecht dafür erwerben. Vereinfacht gesagt: Nutzen statt kaufen. Für ein solches System brauchen wir demnach nicht nur anderes Produktdesign und andere Produktionswege, sondern ganz neue Geschäftsmodelle.

Erkenntnis 2: Wir besitzen alle Dinge nur auf Zeit

Wir sollten uns nachdrücklich bewusst machen, dass wir die meisten Produkte und also auch alle damit verbundenen Rohstoffe lediglich für sehr kurze Zeit gebrauchen. Das gilt – von einer größeren Perspektive aus gesehen – selbstverständlich auch für Produzenten, die genau wie jeder einzelne Konsument mit der Verantwortung für das Eigentum – langfristig – überfordert sind. Aus Erdöl wird Schaumstoff, aus Schaumstoff ein Sitz, aus dem Sitz ein Wagen, aus dem Wagen ein Zug und aus dem Zug ein Verkehrsnetz. Ständig wechseln die Eigentümer.

Die Frage liegt auf der Hand: An welche Stelle gehört das Eigentumsrecht auf Material? Durch die ganze Produktionskette hindurch, von der Mine bis zum Endverbraucher – wo kann das Eigentumsrecht am besten mit Verantwortungspflicht kombiniert werden?

Und noch eine Frage liegt auf der Hand: Wo halten wir fest, welche Rohstoffe in einem Produkt enthalten sind? Für die konsequente Registrierung von Material brauchen wir eine Art »Materialpass«. Rohstoffe werden als wertvolle Identität erfasst. Denn das, was wir gemeinhin als »Abfall« bezeichnen, ist de facto nichts anderes als eine Ansammlung von »Rohstoffen ohne Identitätsbeweis«.

Der heutigen Wert-Schöpfungskette, die im gegenwärtigen System de facto eine Wert-Vernichtungskette ist, wird damit eine Wert-Erhaltungskette hinzugefügt, was zu einer fundamentalen Veränderung des gesamten Systems führt. Wer diesen Gedanken konsequent weiterdenkt, kommt bald zum Kern unseres »Turntoo«-Modells: Nicht nur Produkte, sondern auch alle Materialien sind ein Service, eine Dienstleistung, die wir uns wechselseitig zur Verfügung stellen.

Erkenntnis 3: Der Kopf ist rund, die Erde eine Kugel und die Wirtschaft ein Kreis

Voraussetzung, um die Wirtschaft zu verändern, ist die Erkenntnis, dass das Wirtschaftssystem ein Spiegel unseres Bewusstseins und des diesem zugrunde liegenden Weltbildes ist. Obwohl wir seit dem 16. Jahrhundert wissen, dass sich die Erde um die Sonne dreht und dass unser Planet einer von vielen im unendlichen Weltall ist, verhalten wir uns noch stets so, als ob wir das Zentrum des Universums wären: Alles wird unseren menschlichen Bedürfnissen untergeordnet.

Dieses anthropozentrische Weltbild ist der kulturelle Nährboden für das hier beschriebene lineare Wirtschaftssystem, in dem die Natur lediglich ein Produktionsfaktor geworden ist und das uns die heutigen Krisen beschert. Um dies zu verändern, ist es nicht nur wichtig, die Spielregeln des Wirtschaftssystems zu verändern, sondern auch die Seele unserer Wirtschaft und Gesellschaft.

Und damit erklärt sich endlich auch der Titel »MATERIAL MATTERS«, der wie schon erwähnt eine dreifache Bedeutung hat:

Da gibt es zum einen den Satz »Material matters«. Zu Deutsch: Material spielt eine Rolle. Material ist wichtig. Dann gibt es die Paarung »material Matters«, also: Materialfragen. Doch dieselbe Paarung bedeutet auch: »schwerwiegende Angelegenheiten«.

Dieser dritte Punkt ist zugleich der wichtigste: Mit dem Thema Material sind eine Reihe von essenziellen Fragen verbunden, denen wir nicht länger aus dem Weg gehen können, das englische Wort »material« bedeutet in diesem Zusammenhang »existenziell«.

Wir müssen lernen, uns als vorübergehende Erscheinungen auf dem Planeten Erde zu begreifen, die bewusst und verantwortungsvoll mit allem umgehen, was unser Sein hier ermöglicht. Wir sind auf der Erde schließlich nur zu Gast.

2.

DAS PRODUKT ALS ORGANISIERTES PROBLEM ODER: WAS HAT UNZUFRIEDENHEIT MIT WIRTSCHAFT ZU TUN?

»Der Schlüssel zum wirtschaftlichen Wohlstand ist die organisierte Unzufriedenheit.«
CHARLES F. KETTERING

Am 27. Juni 2015 kamen in Kalifornien ungefähr fünfhundert Menschen zu einer Geburtstagsparty zusammen. Sie sangen dem Geburtstagskind ein Lied, es gab Torte und Eiscreme, und am Ende wurde ein speziell für diesen Tag verfasstes Gedicht vorgetragen. Man feierte ein besonderes Jubiläum. Wer aber war das glückliche Geburtstagskind? Eine Glühlampe!

Zum ersten Mal eingeschaltet wurde die Glühlampe 1901, und zwar in der Feuerwache des amerikanischen Städtchens Livermore. Seither brennt sie fast ununterbrochen. Sie hat zwei Umzüge und mehrere Erdbeben überlebt und steht seit 1976 im Guinness-Buch der Rekorde: als älteste noch funktionierende Glühlampe der Welt. Auf der Webseite http://www.centennialbulb.org kann man die Geschichte der Glühbirne nachlesen und vor allem ein tagesaktuelles Bild der »Jahrhundert-Birne« sehen.

2001 beging die Lampe ihr hundertjähriges Jubiläum, und zu den Gratulanten gehörte kein Geringerer als der ehemalige amerikanische Präsident George W. Bush, der die Glühlampe ein Symbol für den amerikanischen Erfindergeist nannte. Seither wird die Glühbirne 24 Stunden pro Tag von einer Webcam beobachtet. Während die Lampe an besagtem Tag im Juni 2015 ihre millionste Betriebsstunde feierte, musste die Webcam schon dreimal ersetzt werden.

Die nächste Party in Livermore ist für 2021 angesetzt, fast 150 Jahre nachdem die erste Glühlampe auf den Markt gebracht wurde. Mit etwas Glück beleuchtet die unverzagt brennende Glühbirne auch noch dieses Fest.[1]

Warum funktionieren nicht alle Konsumgüter so lange wie diese Glühlampe aus dem Jahr 1901? Wie kommt es, dass wir uns trotz unseres Wissens und unserer hoch entwickelten Technik immer schneller von den Produkten wieder trennen? Zum einen, weil sie einfach schneller kaputtgehen, zum anderen, weil wir die Produkte aus verschiedenen Gründen immer öfter wegwerfen, obwohl sie noch funktionieren.

Wie konnte es so weit kommen?

Glühlampe – Fortschritt als Feind des Geschäftsmodells

1879 beendete die Erfindung der Glühlampe die Epoche, in der die Menschheit ihr Licht von Kerzen und Öllampen bezog. Obwohl die Erfindung der Glühlampe Thomas Alva Edison zugeschrieben wird, ist er nicht ihr Erfinder. Er perfektionierte lediglich den Entwurf und stellte die Glühlampe serienmäßig her. Edison, Gründer der General Electric Company, war ein geschickter New Yorker Geschäftsmann und machte ein Vermögen damit, Erfindungen aufzukaufen und zum Patent anzumelden. Als er das elektrische Licht erstmals öffentlich vorstellte, äußerte er die später viel zitierten Worte: »Wir werden die Elektrizität so billig machen, dass am Ende nur noch reiche Leute Kerzen benutzen.«

Ausgangspunkt war ein klar umrissenes Problem: Jeden Abend wird es dunkel, Kerzen und Öllampen sind schnell verbraucht, außerdem ungesund und brandgefährlich. Die Lösung war genauso klar – die Glühlampe. Die Erfolgsgrundlage für Edisons Geschäftsmodell war damit bereits gegeben: ein riesiger, noch vollkommen ungedeckter Absatzmarkt.

In kürzester Zeit drängten mehrere Fabrikanten auf den Markt des elektrischen Lichts, was dazu führte, dass sich die Qualität der Glühlampe ständig verbesserte. Der Prototyp aus dem Jahr 1881 brannte 1.500 Stunden, und schon 1924 hatten Glühlampen eine durchschnittliche Brenndauer von mehreren tausend Stunden. Das wiederum führte bei den Fabrikanten zu begründeter Besorgnis: Würde sich diese Entwicklung fortsetzen, wäre der Markt irgendwann gesättigt. Bald würde niemand mehr neue Glühlampen brauchen.

Damit warf die Weiterentwicklung der Glühlampe ein grelles Licht auf den Schwachpunkt des Geschäftsmodells: den technischen Fortschritt. Löst man nämlich ein Problem allzu perfekt, werden Geschäftsmodell und Unternehmen überflüssig. Ein Betrieb, der den Absatzmarkt durch die hohe Qualität der eigenen Produkte innerhalb kürzester Zeit sättigt, lässt sich auf Dauer nicht am Leben halten. Dieses Dilemma war vollkommen neu.

Der deutsche Soziologe und Philosoph Herbert Marcuse beschrieb schon 1964 in einem seiner wichtigsten Bücher, *Der eindimensionale Mensch*, die Auswirkungen eines technischen Fortschritts, der nicht mit der Reflexion gesellschaftlicher Probleme einherginge:

»Die fortgeschrittene Industriegesellschaft nähert sich dem Stadium, wo weiterer Fortschritt den radikalen Umsturz der herrschenden Richtung und Organisation des Fortschritts erfordern würde.«

Die technologische Entwicklung zwingt dazu, Handlungsmuster – zum Beispiel die eines seit Jahren funktionierenden Geschäftsmodells – regelmäßig zu hinterfragen und den neuen Umständen anzupassen. Wird das versäumt, kann das zu großen gesellschaftlichen Problemen führen, die auch den technologischen Fortschritt dauerhaft behindern können.

Wie recht Marcuse mit seinen Überlegungen hat, spüren wir derzeit wie nie zuvor: Durch fortgeschrittene Computertechnik werden aktuell rasant Produktions- und Arbeitsprozesse, die bislang auf menschlicher Arbeitskraft beruhten, automatisiert. Automatisierung ist unstrittig ein Zeichen technischen Fortschritts. In einem Gesellschaftssystem, in dem fast jedes Individuum den Lebensunterhalt durch den Verkauf seiner Arbeit verdient, wird dieser Fortschritt jedoch zu einem wachsenden Problem. Roboter und künstliche Intelligenz ersetzen immer mehr Arbeitsplätze. Experten sprechen von einem Automatisierungspotenzial von über achtzig Prozent. Was geschieht mit einer Gesellschaft, wenn dadurch ein wesentlicher Teil der Bevölkerung seine Existenzgrundlage verliert? Was passiert mit einer auf Konsum basierenden Wirtschaft, in der die Menschen keine Kaufkraft mehr haben? Nun, irgendwann bleibt der »Motor« der Produktion stehen und bremst nicht nur den technologischen Fortschritt aus, sondern auch jede Art von Wirtschaftswachstum.

An einem solchen Scheideweg angekommen, gibt es für das bestehende System zwei Möglichkeiten: Entweder man entscheidet sich dafür, den technologischen Fortschritt bewusst zu verlangsamen, sprich: mögliche Innovationen zu unterlassen, oder man beschließt, die Organisationsmethode des Fortschritts zu modifizieren.

Wie die Glühlampenhersteller das Problem einst lösten, ist deshalb ein Wendepunkt in der Wirtschaftsgeschichte und zugleich der Anfang einer fatalen Entwicklung.

Das »1000 Hour Life Committee« und die geplante Obsoleszenz

Die führenden Glühlampenhersteller – unter ihnen das US-Unternehmen General Electric, das deutsche Unternehmen Osram, das französische Unternehmen Compagnie des Lampes und das niederländische Unternehmen Philips[2] – reagierten auf das oben beschriebene neue Dilemma, indem sie am 24. Dezember 1924 in Genf heimlich ein Kartell gründeten: das »Phoebuskartell«, nach dem griechischen Sonnengott Phoebus Apollon benannt.[3]

Es verpflichtete alle anwesenden Hersteller, das technische Design so zu modifizieren, dass die Brenndauer einer Glühlampe von nun an nicht mehr als tausend Stunden Brenndauer betrug. Eine eigens dafür geschaffene Kommission der Leuchtmittelindustrie, das »1000 Hour Life Committee«, sollte fortan die Einhaltung dieses Komplotts weltweit sicherstellen. Sämtliche Glühlampenmodelle wurden in Laboratorien getestet. Überschritt deren Brenndauer die durch das Kartell festgelegte Norm, drohten hohe Bußgelder: Bei einer Brenndauer von mehr als zweitausend Stunden waren fünfzig Schweizer Franken Bußgeld pro tausend produzierten Einheiten fällig, brannte die Glühbirne länger als 2.500 Stunden, erhöhte sich das Bußgeld auf hundert Schweizer Franken.[4]

In einem von Philips 1928 aufgesetzten Papier ist der ökonomische Nutzen des Kartells deutlich quantifiziert: »Von einem kommerziellen Standpunkt aus betrachtet, ist es von größter Wichtigkeit, die Brenndauer von tausend Stunden so wenig wie möglich zu überschreiten, da jede Überschreitung von nur zehn Stunden einen Verlust an Weltkontingent von plus/minus ein Prozent bedeutet oder etwa vier Millionen Stück. Technisch ist es möglich, eine durchschnittliche Lebensdauer von tausend Stunden bis auf wenige Prozent exakt zu erreichen, wenn man bei der Herstellung sorgfältig ist.«[5]

Christian Kreiß bemerkt hierzu in seinem 2014 erschienenen Buch *Geplanter Verschleiß*: »Geht man davon aus, dass die Brenndauer erfolgreich um 1000–1500 Stunden vermindert wurde, bedeutet dies, dass nach Inkrafttreten des Kartells etwa 400 bis 600 Millionen Glühbirnen jährlich zusätzlich und damit unnötig produziert wurden.« Diese Berechnung lässt allerdings das weltweite Wachstum außer Acht. Zieht man auch dieses in Betracht, dürfte die Zahl der unnötig produzierten Glühbirnen in den Jahrzehnten danach (bis heute) ein Vielfaches von 400 bis 600 Millionen Stück pro Jahr betragen haben.

Von der Existenz dieses Kartells erfuhr die Öffentlichkeit spätestens 1992 durch einen Artikel der *ZEIT*.[6] Damals tobte ein erbitterter Streit um den Verkauf des ostdeutschen Glühlampenherstellers Narda durch die Treuhand. Narda hatte zu Zeiten der DDR Glühlampen mit einer Brenndauer von 2.500 Stunden produziert.

2010 fand man im Berliner Stadtarchiv durch Zufall die Gründungsurkunden des Kartells, das sich mittlerweile *International Electrical Association* nannte. Und es ließ sich eindeutig belegen, dass zwischen 1926 und 1934 die durchschnittliche Brenndauer von Glühlampen kontinuierlich abgenommen hatte.

Die Glühlampe, die dank zunehmender technischer Erkenntnisse zunächst eine immer längere Brenndauer erlangt hatte, wurde unter dem Druck des Phoebuskartells absichtlich zu einem minderwertigen Produkt »umgearbeitet«. Beim oben erwähnten Scheideweg angekommen, entschied man sich, den Fortschritt, nämlich die Verbesserung der Glühlampe, bewusst aufzuhalten oder noch schlimmer: sogar rückgängig zu machen.

Die geplante Obsoleszenz wurde in den 1920er-Jahren eine offen diskutierte und während der Großen Depression auch von mancher Stelle empfohlene Strategie, um das Wirtschaftswachstum zu fördern. So erschien 1932 ein Pamphlet des Immobilienhändlers Bernard London, in dem er empfiehlt, Menschen über Steuern für die langfristige Nutzung von Produkten nicht etwa zu belohnen, sondern zu bestrafen.[7]

Damit war ein neues Geschäftsmodell geboren: die geplante Obsoleszenz, die geplante Unbrauchbarkeit. »Neu« hieß von nun an: »gerade noch nicht kaputt« – und das ist bis heute so geblieben, wurde allerdings als Geschäftsmodell noch um zwei Grundvarianten erweitert.

Geschäftsmodell 1: Neu = gerade noch nicht kaputt

Inzwischen sind wir es gewohnt, dass Haushaltsgeräte bereits kurz nach der Anschaffung erste Mängel aufweisen. Bei Waschmaschinen sind beispielsweise die Pumpe, die Elektronik und die Lager besonders anfällig: Sie funktionieren nur für einen vorher bestimmten Zeitraum oder soundso viele Waschvorgänge. Auch Autos werden so gebaut, dass nach einer im Voraus festgelegten Anzahl zurückgelegter Kilometer zum Beispiel der Auspuff, der Turbo oder Teile des Motors ersetzt oder repariert werden müssen. Hersteller kalkulieren die Unterhaltskosten so, dass diese sich während der Lebensdauer eines Autos auf bis zu anderthalbmal des Anschaffungspreises addieren.

Drucker »wissen« dank eines integrierten Zählers, dass sie nach einer gewissen Anzahl gedruckter Seiten nicht mehr funktionieren sollen, unabhängig vom tatsächlichen Zustand des Gerätes. Nur Eingeweihte wissen, wie man durch manuelles Zurücksetzen des Zählers den Drucker ganz einfach wieder zum Laufen bringen kann.[8] Und wer nicht die originale Druckerpatrone des Herstellers kauft, wird oftmals mit schwarzen Streifen auf dem Ausdruck »bestraft«.

Die Schweizer Stiftung für Konsumentenschutz (SKS) differenziert zwischen den folgenden drei verschiedenen »Defekttypen«: eingebaute Zähler, versteckte Schwachstellen (zum Beispiel Einbau unterdimensionierter Bauteile; Schwachstellen in der Konstruktion) sowie die Verwendung ungeeigneter/billiger Materialien (zum Beispiel Plastik statt Metall)[9]

Defekt-typen

Solche und andere sogenannten »Sollbruchstellen« finden sich in vielen (Haushalts-)Geräten. Der Garantieschein hilft hier wenig, denn die »Mängel« zeigen sich im Allgemeinen erst nach Ablauf der Garantiezeit. Zunächst dafür gemacht, ein gegebenes Problem zu lösen, verwandeln sich die Produkte nun durch technische Manipulation in ein neues Problem, ein bewusst geschaffenes, das heißt ein organisiertes Problem: Designed to Fail.

Ein Beispiel der jüngsten Zeit ist der Skandal um die absichtliche Drosselung der Prozessorgeschwindigkeit beim iPhone6, iPhone6 s und iPhoneSE. Wie Ende Dezember 2017 bekannt wurde, hat Apple bewusst dafür gesorgt, dass iPhones mit älteren Akkus langsamer laufen. Nachdem erste Sammelklagen in den USA eingereicht wurden, reagierte Apple mit einer entschuldigenden Erklärung, dass die Drosselung lediglich ein plötzliches Abschalten der Geräte verhindern sollte.

Technisches Know-how wird also nicht nur eingesetzt, um ein Produkt weiterzuentwickeln, sondern auch um gezielt eine »Sollbruchstelle«, sprich: einen Defekt zu installieren. Falls sich die Geräte überhaupt reparieren lassen, ist das oft sehr teuer, manchmal sogar viel teurer, als es der Kauf eines neuen Geräts wäre. Das Ersatzteil ist dabei der geringste Kostenfaktor: Es ist der immense Arbeitsaufwand und die damit verbundenen Lohnkosten, die eine Reparatur beinahe unbezahlbar machen sollen. Dieser Arbeitsaufwand ist einkalkuliert. Außerdem dauert eine Reparatur meist sehr lange. Die Verbraucher müssen unter Umständen Monate auf Ersatzteile warten. Also kaufen sie lieber gleich ein neues Produkt und werfen das alte weg.

Aller hoch entwickelten Technik zum Trotz entwirft man Produkte heute absichtlich so, dass sich Mängel und Defekte nicht problemlos beheben lassen. Die Hersteller behaupten, deshalb so billig und minderwertig zu produzieren, damit sich auch Konsumenten mit einem kleinen Geldbeutel die Produkte leisten können. Verschiedene Studien haben jedoch nachgewiesen, dass die Kosten der eingebauten Verschleißteile oft einen verschwindend geringen Faktor in den Gesamtkosten des Produktes darstellen. So errechnete eine Studie der Universität Pforzheim, dass die Materialeinsparung beim fehleranfälligen Bauteil eines Milchaufschäumgerätes im Bereich von 3,3 Promille lag.[10]

Für den Verbraucher ist diese Variante des Konsums in jedem Fall die teuerste.

2013 kam es aufgrund einer von den Grünen in Auftrag gegebenen Studie zu einer Anhörung im Bundestag zum Thema »Geplante Obsoleszenz«. Die Studie hatte festgestellt, dass allein in Deutschland jährlich hundert Milliarden Euro gespart werden könnten, wenn die heutigen Produkte eine ähnlich lange Lebensdauer besäßen wie noch in den 1980er-Jahren. Mit zahlreichen Beispielen belegen die Autoren der Studie, Stefan Schridde und Christian Kreiß, die Vielfalt, mit der Hersteller heute Strategien der geplanten Obsoleszenz verfolgen.[11]

Doch anstatt direkt zu handeln, entschied sich die Bundesregierung, eine zweite Studie beim Bundesumweltamt in Auftrag zu geben. Diese kam nach drei Jahren zu der offiziellen Schlussfolgerung, dass eine Absicht von Herstellern, durch eingebaute Mängel für eine kurze Lebensdauer ihrer Produkte zu sorgen, nicht nachweisbar sei.

Allerdings heißt es in der Studie auch: »Viele Geräte haben eine zu kurze Lebensdauer. Aus ökologischer Sicht ist das nicht akzeptabel. Die Herstellung der Produkte verbraucht wertvolle Ressourcen; Schadstoffe und Treibhausgase belasten Umwelt und Klima. Wir müssen über Mindestanforderungen an Produktlebensdauer und Qualität nachdenken – eine Art Mindesthaltbarkeit für Elektro- und Elektronikgeräte.«

Die Studie stieß auf viel Kritik. Der Wirtschaftsjournalist Marcus Rohwetter etwa kommentierte in der *ZEIT* die Studie mit bitterem Unterton: »Unglücklicherweise teilt das Bundesamt nun mit, dass eine gezielt verkürzte Produktlebensdauer ›nicht nachgewiesen‹ werden könne. Ein weiches Dementi; noch vor wenigen Tagen waren auch Gravitationswellen nicht nachweisbar.«

Seine Schlussfolgerung: »Erstens nehmen wir an, dass geplante Obsoleszenz einen Betrug darstellt, also eine Straftat. Zweitens wissen wir, dass Hersteller zwar nicht beabsichtigen, dass ihr Zeug nach einer gewissen Zeit kaputtgeht. Sie halten es aber für möglich und finden sich damit ab. Drittens sagt das Strafrecht, dass Absicht und Für-möglich-Halten gleichermaßen als Vorsatz zu betrachten sind. Womit, viertens, die geplante Obsoleszenz bewiesen wäre. Oder?«

Stefan Schridde entdeckte in der UBA-Studie eine ganze Liste an Mängeln.[12] Er kritisierte die der Studie zugrunde gelegte Definition von geplanter Obsoleszenz über die mangelhafte Verwendung und Auswertung von Quellen bis zur fehlerhaften Interpretation der Informationen.

Unterm Strich stellt sich sehr ernstlich die Frage, ob die Schonung der heimischen Industrie nicht wieder einmal einen höheren Stellenwert erhalten hat als der Schutz der Verbraucherinnen und Verbraucher. Eine politische Prioritätensetzung, die zuletzt beim Thema »Dieselgate« sehr augenscheinlich wurde.

In Frankreich ist man bereits einen Schritt weiter: Seit August 2015 ist die geplante Obsoleszenz strafbar und einem Hersteller, der sich dieses Vergehens schuldig macht, droht eine Gefängnisstrafe von zwei Jahren und ein Bußgeld in Höhe von bis zu fünf Prozent des Jahresumsatzes. Ende Dezember reichte die Organisation HOP (*Halte à l'Obsolescence Programmée*) eine Sammelklage gegen Apple ein. Nach Ansicht von HOP hat Apple mit der Manipulation der Prozessorgeschwindigkeit des iPhone6 gegen dieses Gesetz verstoßen. In Italien ermittelt die Kartellbehörde Autorità Garante della Concorrenza AGC derzeit gegen Apple und Samsung wegen desselben Vorwurfs: nachträgliche Verlangsamung der Geräte durch Updates.

Ein mittlerweile berühmt gewordenes Beispiel wird in dem von Arte produzierten Dokumentarfilm *Kaufen für die Müllhalde* von 2011 beschrieben.[13] 1940 brachte die Firma Dupont die ersten Nylonstrumpfhosen auf den Markt, das Produkt wurde ein riesiger Erfolg, und durch einen Reklamefilm, bei dem eine der Strumpfhosen als Abschleppseil diente, wurde ihre Haltbarkeit zur Legende.

Doch bei Dupont entschied man sich für die Obsoleszenz: Dieselben Ingenieure, die so stolz gewesen waren, dass sie Strumpfhosen ohne Laufmaschen produziert hatten, um ihre Frauen glücklich zu machen, mussten nun die Strumpfhosen lichtanfällig und damit »verletzlich« machen.

Nicht Designer oder Ingenieure entscheiden über Lebensdauer und Qualität eines Produkts, sondern die theoretischen Zielvorgaben eines Geschäftsmodells. Sie bestimmen den Produktlebenszyklus, wie das heute so schön in der Betriebswirtschaft heißt. Es wäre zutreffender, hier von einem »Kaputtgehzyklus« zu sprechen. Sachverstand, Verantwortung und Zuverlässigkeit werden dem Prinzip der Gewinnmaximierung geopfert.

Das ursprüngliche Problem des Produzenten wird so zum Problem des Verbrauchers, weil dieser mit jedem Kauf ein organisiertes Problem nur gegen ein anderes eintauscht. Die Endlosigkeit dieses Prozesses ist einkalkuliert. Mehr noch: Sie ist der Kern dieses Geschäftsmodells »Neu = gerade noch nicht kaputt« – Designed to Fail.

Geschäftsmodell 2: Neu = so gut wie veraltet

Doch außer der technischen Manipulation gibt es noch eine weitere Möglichkeit, dem Verbraucher durch geplante Obsoleszenz ein organisiertes Problem unterzujubeln. Subtiler, als etwas verfrüht kaputtgehen zu lassen, ist es, minimale Innovationen in hohem Tempo aufeinanderfolgen zu lassen.

Statt nach absehbarer Zeit nicht mehr zu funktionieren, verliert das Produkt in den Augen des Verbrauchers nun rasch an Wert. Obwohl es technisch noch einwandfrei funktioniert, wird es für diesen unbrauchbar. Diese Art der Manipulation ist nicht technischer, sondern funktionaler Natur: Designed to Be Outdated.

Weil die Hersteller unmöglich jedes Jahr etwas fundamental Neues auf den Markt bringen können, wenden sie die Strategie der geplanten Obsoleszenz in einer Weise an, wodurch die Lebensdauer eines Produkts auf funktionale Weise begrenzt wird. Was heute neu und modern ist, sozusagen up to date, ist bereits nach kurzer Zeit funktional veraltet – *outdated* –, und das Tempo wird immer mehr beschleunigt.

Albert Sloan, langjähriger Präsident von General Motors, erinnert sich in seiner Autobiografie: »Die Veränderungen des neuen Modells sollten so neu sein und so attraktiv, dass sie die Nachfrage und ein gewisses Maß an Unzufriedenheit mit den Vorgängermodellen stimulieren sollten.«[14]

Wer ein »neues« Produkt erworben hat, ist damit nicht zwangsläufig im Besitz einer bahnbrechenden Innovation, wie dies anfangs noch beim Auto der Fall war, das uns Freiheit verlieh, oder bei der Waschmaschine, die uns den Alltag erleichterte, oder der Glühlampe, die es uns ermöglichte, auch nach Einbruch der Dunkelheit zu lesen, zu arbeiten, Auto zu fahren oder sicher die Straße zu überqueren. Ein »neues« Produkt verändert heute unser Leben nicht mehr in revolutionärer und unumkehrbarer Weise wie zum Beispiel noch das Penicillin, die Verhütungsmittel, die Dampfmaschine oder das Telefon. »Neu« bedeutet in der heutigen Praxis, dass oftmals nur eine Kleinigkeit verändert wird, wodurch das vorherige Modell plötzlich hoffnungslos veraltet erscheint. Die Unternehmen manipulieren das »Haltbarkeitsdatum« ihrer Produkte, indem sie die Verbraucher immer wieder mit »Innovationen« verführen, die das Prädikat »neu« kaum rechtfertigen. Der Käufer erwirbt dadurch ein Produkt, das revolutionär und innovativ sein soll, doch meistens nur minimal besser oder funktionaler ist als das Vorgängermodell.

Das lässt sich bei den Smartphones besonders gut beobachten, denn die meisten Verbraucher halten ihre Modelle gegenwärtig bereits nach kürzester Zeit für veraltet. Das neueste iPhone oder Samsung-Modell mag zwar ein schärferes und größeres Display, vielleicht auch eine leistungsfähigere Kamera oder irgendein nettes, neues Gimmick besitzen. Doch von einer wirklichen Innovation kann bei derartigen minimalen Veränderungen meist nicht die Rede sein.

Abgesehen davon ist die Hardware oft schon nach kurzer Zeit nicht mehr »kompatibel« mit den neuesten Systemen und Accessoires, weil die Software ständig modifiziert wird oder weil immer wieder andere Verbindungskabel nötig sind. Obwohl es nicht kaputt ist, kann das Gerät seinen Zweck nicht mehr erfüllen, weil zum Beispiel die neueste Version von Snapchat oder WhatsApp nicht mehr geladen werden kann. Wer sich aber nicht abhängen lassen und connected bleiben will (denn genau das ist ja der Sinn der meisten modernen Technologien), sieht sich gezwungen, ein neues Gerät anzuschaffen.

Apple beschäftigt so viele talentierte Techniker, dass der Konzern problemlos zerlegbare Geräte entwickeln könnte, die leicht upzugraden sind; Geräte, bei denen sich mit wenigen Handgriffen zum Beispiel die Kamera oder die Batterie ausbauen und durch eine verbesserte Version ersetzen ließe.

Dasselbe gilt für Spielkonsolen. So mag sich unser Sohn riesig über seine neue Playstation freuen. Doch schon bald wird er wieder eine neue brauchen, weil für sein jetziges Modell keine neuen Spiele mehr auf den Markt gebracht werden und er die neuesten Accessoires nicht mehr anschließen kann. Außerdem wird ihm die Grafik nach kurzer Zeit hoffnungslos veraltet erscheinen. Also muss eine neue Playstation her.

Was für die Entwicklung von Software gilt, nämlich dass ihre Funktionalität durch Upgrades ständig aufgewertet werden kann, gilt auch für Hardware. Doch wer würde dann noch alle zwei Jahre ein neues Gerät kaufen?

Das sind alles Beispiele für das Geschäftsmodell »Neu = so gut wie veraltet« – Designed to Be Outdated.

Geschäftsmodell 3: Neu = so gut wie unmodern

Schließlich gibt es noch eine dritte Möglichkeit, den Verbraucher stets neue Produkte kaufen zu lassen – und diese Methode dürfte den größten Einfluss auf unsere Verbrauchskultur ausüben: das Geschäftsmodell »Neu = so gut wie unmodern«.

Es entstand während der 1920er-Jahre in den Vereinigten Staaten und breitete sich seither in Windeseile im Rest der westlichen Welt aus. Die Hauptrolle in der Entstehungsgeschichte dieses neuartigen Geschäftsmodells spielte ein Mann, der ungeachtet der Tatsache, dass er einen immens großen Einfluss auf die Entwicklung unserer Gesellschaft ausübte, nahezu unbekannt geblieben ist: Edward Bernays.

Bernays war der erste PR-Berater der Geschichte, und zwar schon allein deswegen, weil er die Berufsbezeichnung »Public-Relations Counsellor« erst selbst geprägt hatte. Als Neffe Sigmund Freuds kam er auf die Idee, Freuds Theorien auch auf Verkaufsstrategien anzuwenden: Wenn der Mensch in seinem Verhalten weniger von der Vernunft als von einem unbewussten emotionalen Verlangen gesteuert wird, dann musste es möglich sein, Mechanismen zu entwickeln, um das Verhalten der Menschen zu beeinflussen. Auf Basis damals aktueller Erkenntnisse der Massenpsychologie entwickelte er erstmals Kampagnen zur Meinungsbeeinflussung.

Die preisgekrönte BBC-Dokumentation *The Century of the Self*[15] von Adam Curtis aus dem Jahr 2002 zeigt beispielsweise, wie es Bernays mithilfe von Freuds Theorien gelang, amerikanische Frauen zum Rauchen zu verführen.

Bis dahin galten rauchende Frauen als unanständig, ja, gar als vulgär. Das war der Tabakindustrie ein Dorn im Auge; denn dadurch war der Absatzmarkt nur halb so groß, wie er hätte sein können. Die Tabakkonzerne wandten sich mit ihrem Problem an Bernays. Der entwickelte folgende Idee: Auf der jährlichen, von der Presse stets aufmerksam beobachteten New Yorker Easter Parade sollten einige junge, hübsche Debütantinnen Zigarettenpäckchen aus ihren Handtaschen ziehen und sich eine Zigarette anzünden. Bernays würde im Vorfeld das Gerücht verbreiten, eine Feministinnengruppe halte Zigaretten für »*torches of freedom*« und protestiere mit ihnen gegen die Unterdrückung der Frau.

Der Plan funktionierte. Der Absatz von Zigaretten schnellte bei den Frauen in die Höhe, und von nun an galt die Zigarette als Symbol für die Unabhängigkeit der Frau. Damit war der Anfang gemacht für eine neue Strategie, Waren anzupreisen: Produkte werden mit unbewussten Sehnsüchten und Gefühlen verknüpft, die sich angeblich auf die Identität des Verbrauchers übertragen.

Neben der technischen und funktionalen Manipulation von Produkten gibt es also auch eine Manipulation auf psychologischer Ebene: Konsumenten wird durch subtile Botschaften suggeriert, dass sie einen Bedarf haben, etwas unbedingt brauchen, von dem sie zuvor gar nicht ahnten, dass sie es jemals brauchen könnten.

Paul Mazur, ein Wall-Street-Banker, der für die Investmentbank Lehman Brothers arbeitete, wird in dem BBC-Film mit einem Satz von 1927 zitiert: »Wir müssen Amerika von einer Bedarfskultur zu einer Sehnsuchtskultur umwandeln. Die Menschen müssen dazu erzogen werden, neue Dinge zu wollen, auch wenn die alten noch nicht gänzlich verbraucht sind. [...] Die Sehnsüchte eines Menschen müssen dessen Bedürfnisse in den Schatten stellen.«[16]

Es folgten ein Börsenkrach und ein Zweiter Weltkrieg, aber spätestens seit dem sogenannten »Wirtschaftswunder« ist nicht zu leugnen, dass wir in einer Sehnsuchtskultur leben. In weiten Teilen der Welt haben wir keinen wirklichen Bedarf an Produkten, aber ganz sicher eine tief verinnerlichte Sehnsucht nach bestimmten Konsumartikeln.

Wir kaufen Waren nicht allein, weil wir sie benötigen, sondern weil wir uns mit ihnen auch eine bestimmte Identität verschaffen wollen. Es scheint eine bizarre Ironie der Konsumwelt, dass wir glauben, uns als Individuen aus der Masse hervorheben zu können, ausgerechnet indem wir massenhaft produzierte und massenhaft konsumierte Produkte erwerben.

Die Krönung dieser paradoxen Absurdität ist der Apple-Slogan von 1997: »*Think different.*« Wer ein Produkt dieser Marke erwirbt, ist überzeugt, originell zu sein und sich von allen anderen zu unterscheiden. Dabei ist er lediglich einer von Milliarden Kunden eines der größten Multinationals der Welt.

Werbung, Marketing, PR, Propaganda – egal wie man die Strategie benennt, sie zielt in jeder Ausprägung darauf, unseren Konsum anzuregen, und bedient sich des enormen Einflusses von Mode und Trends, der mittels einer allgegenwärtigen Medienkultur auf uns ausgeübt wird. Einen kurzen Moment fühlen wir uns glücklich, weil die Sehnsucht, jemand zu sein, durch den Erwerb eines bestimmten Produktes befriedigt scheint. Doch dann wechseln die Symbole, es wechselt die Bedeutung. Auch der identitätsstiftende Nutzen eines Produktes veraltet und verfällt. Das Produkt, mit dem wir unsere Identität zu bestimmen hoffen, mag noch voll funktionsfähig sein, aber es wird in einer sich permanent ändernden, medial geschaffenen Kultur psychologisch obsoleszent. Die plötzliche Minderung des – nur durch das Produkt geschaffenen – Selbstwertgefühls ruft beim Konsumenten ein Unbehagen hervor: Identifiziert sich unser Sohn zunächst noch gern mit den neu gekauften Fußballschuhen, so erscheinen sie ihm nur ein Jahr später »uncool«. Er will ein paar neue, die dann wiederum ein Jahr später unmodern sein werden und so weiter.

Im Bekleidungssektor bedeutet dies, dass sich die weltweite Produktion in den letzten 15 Jahren verdoppelt hat. Dies hat einerseits damit zu tun, dass weltweit eine wachsende Mittelschicht entsteht, andererseits damit dass durch den Fast-Fashion-Trend der letzten Jahre die durchschnittliche Nutzungszeit eines Kleidungsstücks mit beinahe vierzig Prozent abgenommen hat. Laut Schätzungen wird etwa die Hälfte der Fast-Fashion-Produkte schon nach weniger als einem Jahr weggeworfen. Zwar ist der Markt für Secondhandkleidung riesig: Siebzig Prozent der Weltbevölkerung ist auf Secondhandkleidung angewiesen. In Deutschland werden 54 Prozent der abgedankten Kleidungsstücke einer Wiederverwendung zugeführt, allerdings werden nur vier Prozent dieser Secondhandkleidung in Deutschland selbst ver- und gekauft. Entscheidend ist jedoch, dass nur ein Prozent dieses Aufkommens der Produktion von neuen Textilien zugeführt wird. Jede Sekunde wird ein Lastwagen voll mit Altkleidern verbrannt oder in eine Mülldeponie gebracht.[17]

Der Zyklus der Moden, verknüpft mit einer erwünschten Identität, treibt dieses Geschäftsmodell an. Die Verbindung zwischen Produkt und Symbol wird gezielt gebrochen und neu geknüpft – alle paar Jahre, Monate, Wochen oder inzwischen sogar alle paar Tage. Man denke nur an die »LosWochos«-Aktion bei McDonald's oder die »Adventsaktionen« in allen möglichen Geschäften. Um die ersehnte Identität zu erlangen oder zu behalten, sollen oder müssen wir immer wieder neue Dinge bzw. Dinge *neu* kaufen. Um den Autor Tim Jackson zu zitieren: »Wir kaufen Dinge, die wir nicht brauchen, von Geld, was wir nicht haben, um Eindrücke, die nicht von Dauer sind, bei Leuten zu hinterlassen, die wir eigentlich gar nicht mögen.«

Bei diesem Geschäftsmodell konzentrieren sich Innovation und Wachstum auf die genannten Aspekte der manipulierten Identitätsbestimmungen und nicht auf die den Produkten innewohnende Qualität. »Neu = so gut wie unmodern« – Designed to Be Outfashioned.

Obsoleszenz – unsere ganz normale Produkt- und Konsumwelt

Die geplante Obsoleszenz, egal ob sie auf der technischen, funktionalen oder psychischen Manipulation beruht, ist eine raffinierte Unternehmensstrategie, die den Warenkonsum beschleunigt und stimuliert, allerdings mit negativen Auswirkungen auf Mensch, Gesellschaft und Umwelt. Die Zahl der Produkte wächst ständig, und ihre Lebenszyklen werden immer kürzer.

Forschungen des Rochester Institute of Technology ergaben, dass sich die Lebensdauer eines Computers in eineinhalb Jahrzehnten um die Hälfte verringert hat. Während man 1985 einen Personal Computer ungefähr zehn Jahre in Gebrauch hatte, waren es 2000 noch fünf Jahre.[18] Laut einem Artikel des *Guardian* sind es derzeit 3–5 Jahre.[19]

Allein in Deutschland wandern laut Deutscher Umwelthilfe (DUH) jedes Jahr etwa 24 Millionen neue Smartphones über die Ladentheke. Und obwohl der Markt für gebrauchte Handys wächst, liegen derzeit schätzungsweise mehr als 120 Millionen alte Handys ungenutzt in den Schubladen und Schränken der deutschen Verbraucher. Übrigens werden für die jährlich in Deutschland verkauften Geräte etwa 720 Kilogramm Gold benötigt.[20] Es befindet sich in einer Tonne iPhones bis zu 300-mal mehr Gold als in einer Tonne Erz, mal abgesehen von den Massen an sonstigen Edelmetallen und Seltenen Erden, deren Vorkommen in der Erdkruste immer knapper wird.[21] Bei 120 Millionen Althandys sind das knapp drei Tonnen Gold im Gesamtwert von etwa 110 Millionen Euro – etwa zehn Prozent des jährlichen weltweiten Fördervolumens!

Wir gewinnen unter hohem sozialen und finanziellen Einsatz Gold aus Erz, doch das Gold in den ungenutzten Smartphones scheint uns nicht zu interessieren. In den Abbauländern führt das zu einer Vergiftung des Ökosystems mit enormen Mengen an giftigem Zyanid und Quecksilber. Überhaupt führen Rohstoffgewinnung, Produktion und Nutzung zu immensen Umweltauswirkungen, an die wir nicht denken mögen, wenn wir gerade wieder in einem der Hightech-Shopping-Tempel stehen, die uns ihre Waren als selig machende Offenbarungen anpreisen. So weist der Schauspieler Hannes Jaenicke darauf hin, dass wir durch den Kauf eines Handys das Geschäft mit Koltan unterstützen, dessen Abbau den Lebensraum der Gorillas zerstört.[22]

Obgleich der halbwegs aufgeklärte Verbraucher um all diese Verführungs- und Manipulationsmethoden weiß, scheint uns dieses Wissen nicht daran zu hindern, uns manipulieren und verführen zu lassen. Wissen allein ist – die Erfahrung machen wir wohl alle – eben nicht ausreichend für eine wirkliche Verhaltensänderung.

Absprachen zwischen Konzernen sind für uns heute nichts Neues. Doch die Prinzipien der »Geplanten Obsoleszenz« sind inzwischen Allgemeingut und Teil der Unternehmenskultur geworden. Das umstrittene und mysteriöse Phoebuskartell war im Grunde nur eine schwache Form der heutigen Verhaltensabstimmungen und Marktmanipulationen. Damals bedurfte es geheimer Regeln und Vereinbarungen, außerdem einer eigens dafür geschaffenen inoffiziellen Kontrollinstanz wie des »1000 Hour Life Committee«. Doch solange es solcher Kartelle bedurfte, gab es für die Verbraucher noch Alternativen, zumindest theoretisch. Damit ist es jetzt vorbei.

Viel effektiver ist es, die Verbraucher so zu manipulieren, dass sie das erwünschte Verhalten verinnerlichen und erst gar nicht auf die Idee kommen, sie hätten eine Wahl. Psychologisch durchgeführte Manipulationen, die einer Idee oder einem Denkmuster innerhalb einer Kultur zum Status des Allgemeinguts verhelfen, sind deshalb so wirkungsvoll, weil sie unauffällig zu Werke gehen.

Der deutsch-koreanische Kulturwissenschaftler Byung-Chul Han hat diese Technik 2014 in einem Gastbeitrag in der *Süddeutschen Zeitung* mal so auf den Punkt gebracht: »Ineffizient ist jene disziplinarische Macht, die mit einem großen Kraftaufwand Menschen gewaltsam in ein Korsett von Geboten und Verboten einzwängt. Wesentlich effizienter ist die Machttechnik, die dafür sorgt, dass sich Menschen von sich aus dem Herrschaftszusammenhang unterordnen. Ihre besondere Effizienz rührt daher, dass sie nicht durch Verbot und Entzug, sondern durch Gefallen und Erfüllen wirkt. Statt

Menschen gefügig zu machen, versucht sie, sie abhängig zu machen.«[23]

Indem die Produzenten die geplante Obsoleszenz zu einem selbstverständlich und normal gewordenen Element unserer Produkt- und Konsumwelt machen, entledigen sie sich erfolgreich ihres Problems: Sie übertragen die Obsoleszenz kurzfristig auf Konsumenten, mittelfristig auf uns alle und langfristig auf unsere Umwelt – und zwar in Form der Wegwerfkultur, die an der einzigen Umwelt, die wir haben, Raubbau betreibt. Weil diese Geschäftsmodelle eine Selbstverständlichkeit darstellen und alternativlos zu sein scheinen, sind wir blind für das eigentliche Problem, das diesem inszenierten Problem zugrunde liegt:

Alle drei Geschäftsmodelle der geplanten Obsoleszenz vergrößern die Kluft zwischen dem Zeitraum, in dem wir ein Produkt

Verschwenderische Geschäftsmodelle

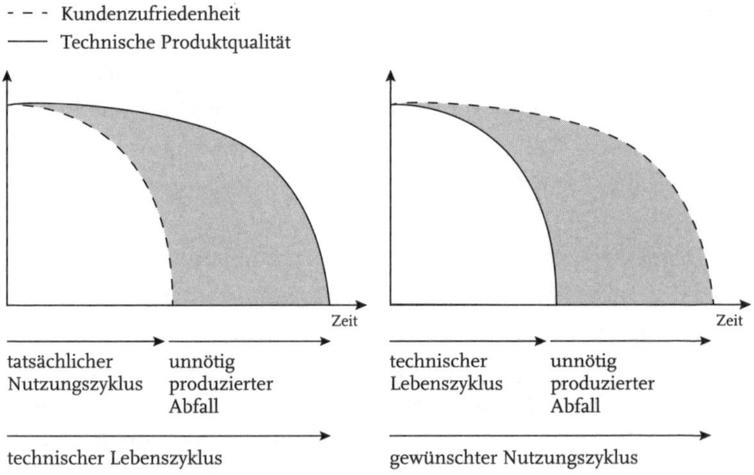

Schnelle Innovation verursacht unnötigen Abfall

Schlechte Qualität verursacht unnötigen Abfall

benutzen (Nutzungszyklus), und dem Zeitraum, in dem ein Produkt technisch einwandfrei funktioniert (Lebenszyklus). Das Resultat ist, dass die Verschwendung im linearen System zusätzlich beschleunigt wird.

Selbst schuld? Die Rolle der Verbraucher

Das Prinzip »Designed to Be Outfashioned« hat sich auf diese Weise auf viele Lebensbereiche ausgeweitet. Verbraucher sind es inzwischen gewohnt, Produkte nach kurzer Zeit zu ersetzen, und tragen so ihrerseits zur Obsoleszenz bei. So heißt es in der oben genannten Studie des Bundesumweltamtes: »Allerdings kalkulieren Hersteller mit einer bestimmten Produktlebensdauer, die sich auch nach Zielgruppen, Einsatzbereichen und Produktzyklen richtet.« Klartext formuliert Marcus Rohwetter im März 2016 in der *ZEIT*: »Kein Hersteller verbaut in einer elektrischen Saftpresse freiwillig Material, das einen Atomkrieg überstehen würde, wenn der Kunde nach drei Jahren ohnehin eine neue kauft.«

In der Studie heißt es weiter: »Gleichzeitig werden viele Geräte ersetzt, obwohl sie noch gut funktionieren. Es ist daher genauso wichtig, dass Verbraucherinnen und Verbraucher Produkte länger nutzen.«

Natürlich stellt sich die Frage, ob nicht tatsächlich der Zeitgeist und der Wunsch, sich permanent in der eigenen sozialen Gruppe neu zu inszenieren, die treibende Kraft für Neuanschaffungen sind. Wer will noch mit der Eiche-Rustikal-Schrankwand der Großeltern leben. Man ist doch froh, wenn die olle Blumenvase »versehentlich« herunterfällt ...

Fakt ist laut Studie: »Verbraucher und Verbraucherinnen nutzen neu erworbene Produkte heute kürzer als früher. Häufig sind Technologiesprünge und der Wunsch nach neuen, besseren Funktionen und Modellen ein Auslöser. So wurden 2012 über sechzig

Prozent der noch funktionierenden Flachbildschirmfernseher ersetzt, weil die Konsumentinnen und Konsumenten ein besseres Gerät haben wollten.«[24]

Eine solche Betrachtungsweise auf das Verbraucherverhalten ist unserer Meinung nach durchaus zynisch. Natürlich tragen auch die Verbraucher eine Verantwortung für ihr Verhalten und natürlich wünschen wir uns aufgeklärte, mündige Bürger, die sich nicht von Werbung und Gruppenzwang unter Druck setzen oder verführen lassen. Doch im Grunde ist diese Situation mit der Diskussion über den Konsum von Zigaretten zu vergleichen. Selbstverständlich ist es die Entscheidung jedes Einzelnen, ob er zur Zigarette greift oder nicht. Doch wer wollte den maßgeblichen Einfluss der Tabakindustrie ernstlich bestreiten? Auch hier hat erst staatliche Regulierung letztendlich zu einer maßgeblichen Veränderung des Verhaltens der Verbraucher geführt.

Dazu kommt der Mangel an Transparenz. Die Schweizer Stiftung für Konsumentenschutz hält die Unmündigkeit des Verbrauchers für bewusst geschaffen: »Der Konsument verfügt beim Kauf nicht über wichtige Informationen, wie voraussichtliche Lebensdauer oder Reparierbarkeit. Damit fehlen zentrale Informationen, die zu einem bewussten Kaufentscheid gehören.«[25]

Zwar gibt es in Deutschland schon seit 1978 den »Blauen Engel«. Doch das Siegel, so wird zu Recht kritisiert, »bescheinigt keineswegs die völlige Unbedenklichkeit eines Produkts. Er sagt nur aus, dass die gelabelten Produkte umweltfreundlicher sind als vergleichbare Produkte dieser Produktgruppe.«[26]

Christian Kreiß fasst zusammen: »Einerseits fehlen normalerweise die wirklich wichtigen und relevanten Produktangaben, andererseits werden wir Kunden mit einer Überfülle an nichtssagenden Informationen überschüttet. Angesichts dieser schlechten Informationslage der Konsumenten hat sich mittlerweile ein eigener Forschungszweig der Ökonomie entwickelt: Konsumentenverwirrtheit oder Consumer Confusion.«[27]

Consumer Confusion

Aus diesem Grunde gibt es in Deutschland, Österreich und der Schweiz auch eine lange Tradition des Verbraucher- oder Konsumentenschutzes, der von staatlicher Seite an Verbraucherschutzverbände übertragen wurde. Hintergrund ist die Feststellung, »dass Verbraucher gegenüber den Herstellern und Vertreibern von Waren und gegenüber Dienstleistungsanbietern *strukturell unterlegen* sind, das heißt infolge geringerer Fachkenntnis, Information, Ressourcen und/oder Erfahrung benachteiligt werden können.«[28] Die Verbraucherzentralen weisen stetig auf die Manipulationen hin, aber sie laufen der Industrie immer nur hinterher. Die Werbebotschaften der Wirtschaft sind schneller, aggressiver und wirkungsvoller als die rationale Aufklärung und Warnungen durch die Schutzeinrichtungen.

Ideen zur Verbesserung des Systems – bisher leider wirkungslos

Seit einigen Jahren mehren sich die Initiativen, die versuchen, der geplanten Obsoleszenz etwas entgegenzusetzen, sowohl in der Schweiz als auch in Deutschland gibt es Onlineportale, auf denen geplante Obsoleszenz gemeldet werden kann. In Deutschland ruft die Initiative »Murks? Nein danke!« Verbraucher dazu auf, Produkte mit schlechter Qualität zu melden und die Hersteller mit Schadensersatzansprüchen und Prozessen dazu zu zwingen, verantwortlich und nachhaltig zu produzieren. In Schweden wurde sogar die Mehrwertsteuer auf Reparaturen gesenkt und die gezahlten Arbeitskosten sind von der Steuer absetzbar.

Ebenfalls in den letzten Jahren ist die Initiative »Repair Café« entstanden, in denen Freiwillige kaputte Alltagsgegenstände reparieren. 2009 in den Niederlanden gegründet, gibt es derzeit etwa tausend Repair-Cafés in Deutschland. Im Silicon Valley entstand in den letzten Jahren eine Onlinevariante des Repair-Cafés. Der Name ist Programm: »I-Fixit« (Ich-Repariere) bietet neben ausführlichen Reparaturanleitungen auch Werkzeuge und Ersatzteile an. Seit etwa der gleichen Zeit tobt ein erbitterter Streit in den USA über das *»right to repair«*, das Recht, seine Produkte selbst zu reparieren. Mit dem Vorwurf intellektuelle Eigentumsrechte zu verletzen, gehen Anbieter wie Dell, Apple und Microsoft gegen Gesetzesvorhaben vor, die das Recht zur Reparatur festschreiben wollen.[29]

Die oben genannte Studie der Grünen enthält ein Handlungsprogramm mit mehr als siebzig Vorschlägen, wie jeder Einzelne, die Zivilgesellschaft, die Arbeitnehmerschaft, die Hersteller und die Politik konkret aktiv werden können, um die geplante Obsoleszenz zu beenden. Auch international nehmen sich politische Institutionen des Themas an. So ließ die Umweltorganisation der UNO, UNEP, 2017 eine Studie mit Empfehlungen zur Verlängerung von Produktlebenszyklen verschiedener Produkte erstellen.

Unsere persönliche Erfahrung zeigt: Es geht! In unserem Schuppen im Garten hängen Gerätschaften, die noch unseren Großeltern gehört haben. Wir benutzen sie schon seit vielen Jahren und sie funktionieren noch immer. In Deutschland gibt es ein Warenhaus für Konsumartikel, die wie die Gartengeräte unserer Großeltern mehrere Generationen lang halten sollen. Bei Manufactum kann man Dinge kaufen, die Moden und Trends überdauern, weil sie noch von hoher handwerklicher Qualität und aus besonders haltbaren Materialien gefertigt sind. Der Käufer soll möglichst lange Freude daran haben. Das schlägt sich allerdings im Preis nieder. Hält man sich jedoch vor Augen, dass man sich manche dieser Produkte nur ein einziges Mal in seinem Leben anzuschaffen braucht, lohnt sich das durchaus. Nicht umsonst lautet das Motto dieses Warenhauses: »Es gibt sie noch, die guten Dinge« oder anders gesagt: Billig ist uns zu teuer.

Außerdem gibt es zahllose Webseiten, auf denen gebrauchte Geräte (zum Beispiel die »alte« Spielkonsole des Sohns oder die

Tischlampe des Großvaters) den Besitzer wechseln können. Ebay ist die bekannteste unter ihnen.

Das sind alles wichtige Initiativen, Bewegungen und Unternehmungen, doch solange sie innerhalb des linearen Wirtschaftssystems angewandt werden, können sie das Problem nicht langfristig lösen. Das bestehende System wird optimiert, aber die Folgen bleiben unverändert:

Die Konsequenzen der Herstellerentscheidungen werden nach wie vor auf die Verbraucher abgewälzt, auf unsere Gesellschaft – und letztendlich auf unsere Umwelt. Macht und Verantwortung bleiben weiterhin voneinander getrennt. Doch genau das müssen wir ändern. Wie kann das gehen?

3.

DIE LINEARE ÖKONOMIE ODER: WARUM BRAUCHT DIE WIRTSCHAFT NEUE SPIELREGELN?

»Sie können Ihrer Verantwortung nicht entrinnen, indem Sie alles von heute auf morgen verschieben.«
Abraham Lincoln

Am 13. März 1964 stieg die 28-jährige Catherine »Kitty« Genovese auf einem Parkplatz in der Nähe von Queens, New York City, aus ihrem Auto. Der Parkplatz war von Apartmenthäusern umringt. In einem von ihnen war sie zu Hause. Es war Viertel nach drei Uhr morgens. Die junge Frau kam gerade von ihrer Arbeit als Kellnerin in einer Bar nach Hause zurück.

Kurz vorher hatte Kitty vor einer roten Ampel gewartet, wo sie dem 29-jährigen Lokomotivführer Winston Moseley aufgefallen war. Er fuhr ihr nach und überfiel sie, als sie aus dem Auto stieg. Er stach ihr zunächst zweimal mit einem Messer in den Rücken. Kitty schrie um Hilfe, was wohl nur wenige Menschen hörten. Ein Mann rief aus dem Fenster, Moseley solle die Frau in Ruhe lassen. Darauf ließ dieser tatsächlich von ihr ab und flüchtete in seinen Wagen. Als aber niemand Kitty zu Hilfe kam, die sich gerade zu ihrem Wohnhaus schleppte, wagte sich Moseley wieder heraus und stürzte sich ein weiteres Mal auf sie. Auf ihre Schreie hin antworteten auch diesmal einige Nachbarn nur mit lautem Rufen, erneut ohne weitere Folgen. Im Flur von Kittys Apartmenthaus griff Moseley die Frau ein letztes Mal an und fügte ihr jetzt die Verwundungen zu, an denen sie noch an Ort und Stelle starb. Erst um zehn vor vier riefen die

Nachbarn die Polizei. Moseley hatte geschlagene fünfunddreißig Minuten und drei Versuche lang Zeit gehabt, sein Opfer zu ermorden.

Verantwortungsdiffusion durch den Zuschauereffekt

Einem Zeitungsbericht zufolge hatten mindestens 38 Personen aus der Nachbarschaft den Mord an Kitty Genovese gesehen oder gehört, ohne ihr zu helfen oder die Polizei zu rufen. Dieses Verhalten gab einigen Psychologen sehr zu denken, und sie starteten eine umfangreiche wissenschaftliche Studie, die Kittys Geschichte weltberühmt machen sollte.

Die Umstände ihres Mordes dienten zur Illustration eines Phänomens, das in der Sozialpsychologie »Zuschauereffekt« (oder auch Bystander-Effekt oder Genovese-Syndrom) genannt wird:

Der »Zuschauereffekt« tritt ein, wenn sich eine Gruppe von Personen mit einem Problem konfrontiert sieht. Wiederkehrend lässt sich feststellen, dass die Wahrscheinlichkeit sinkt, dass jemand als Zeuge eines Unfalls oder Verbrechens eingreift oder Hilfe leistet, wenn weitere Personen anwesend sind. Es wird darauf gewartet, dass eine andere Person eingreift. Manche zögern den ersten Schritt einer Intervention hinaus, eventuell weil sie Sorge haben, sich vor den anderen zu blamieren.

Kern des Problems scheint zu sein, dass sich (unbewusst) in einer Gruppe von Zeugen die Verantwortung auf alle anwesenden Menschen verteilt und dadurch das Gefühl von Eigenverantwortung des Einzelnen reduziert. Damit setzt das ein, was die Sozialpsychologen »Verantwortungsdiffusion« nennen; in einer Gruppe fühlt sich jeder Einzelne nur eingeschränkt für ein Problem zuständig; schließlich könnte sich auch jeder andere darum kümmern. Am Ende tut keiner irgendetwas. Das gilt nicht nur bei zufälligen Zusammentreffen auf der Straße, sondern auch in Organisationen. Aufgrund kleinteiliger Aufgabenteilung gibt es auch in Unternehmen oder Vereinen Aufgaben, die von allen Beteiligten als wichtig und dringend bezeichnet werden, aber niemand tut sie. Erklärt wird das dadurch, dass die Menschen sich offenbar nicht klar sind, ob sie in ihrer organisatorischen Rolle eine solche Aufgabe übernehmen dürfen; also tun sie lieber nichts als etwas Falsches – was oft genug schlimmer ist als das vermeintlich Falsche.

Entscheidend ist die Beziehung zwischen dem Gefühl der Verantwortung und dem tatsächlichen Handeln: Aus dem Ersten ergibt sich das Zweite. Nur wenn wir uns wirklich in der Verantwortung fühlen, werden wir aktiv. Ist unser Verantwortungsgefühl nicht stark genug, unternehmen wir nichts. Sind wir der Ansicht, dass unser Einfluss auf eine Situation nur minimal ist, dann fühlen wir uns oft nicht dazu aufgerufen, in Handlung zu treten.

Dazu kommt noch, dass die Erwartungen des Einzelnen an seine eigenen Einflussmöglichkeiten höchst unterschiedlich sind, Psychologen nennen dies »Selbstwirksamkeitserwartung«.

Ist es schon im Kleinen, wie etwa dem Mordfall von Kitty Genovese, offenbar schwer, sich verantwortlich für ein Problem zu fühlen und zur rettenden Tat zu schreiten, wie ist es dann erst im Großen? Und was geschieht, wenn Handeln und Verantwortungsgefühl in einem System prinzipiell nicht in einer Hand liegen?

Also: Person A handelt, gibt aber die Konsequenzen des Handelns an Person B weiter, die jedoch im Gegensatz zu A keinen Einfluss auf die Ausgangssituation gehabt hat. B »übernimmt« die Verantwortung also nur »unfreiwillig« oder sogar »unbewusst«, kann oder will die Verantwortung als solche gar nicht wahrnehmen und fühlt sich in Folge mit großer Wahrscheinlichkeit auch nicht zum Handeln aufgerufen. Ergebnis: Die Situation bleibt, wie sie ist, und nichts ändert sich.

Dieser fatale Mechanismus spiegelt leider genau unser Verhalten innerhalb des heutigen Wirtschaftsmodells wider. Derzeit treffen die Folgen meist nur »andere«, also die Natur *»not in my backyard«*, Menschen in fernen Ländern oder bei fortschreitendem

Klimawandel die Welt in der Zukunft. Aber wenn wir weiterhin so unsere (unser aller) Verantwortung für unser (unser aller) Handeln ignorieren, werden die Folgen bald zu einem riesigen Problem – und zwar für uns alle!

Der Konsument ist die letzte Instanz vor der Endstation

Die Geschichte ist einfach: Die Hauptperson ist ein Produzent, der seine Verantwortung in der Produktionskette immer weiter durchreicht. Dann gibt es noch einen Konsumenten, der keinen einzigen Einfluss auf den Produktionsprozess besitzt. Als Drittes spielt da noch die Produktionskette eine Rolle, bei der am Ende mit dem Produkt auch alle darin enthaltenen Materialien weggeworfen werden. Das Ende der Geschichte ist ein riesiger Müllberg mit allen negativen Folgen für unseren Materialvorrat und unsere Umwelt.

Die heutige Produktionskette ist gezielt so organisiert, dass keiner für sein Handeln zur Rechenschaft gezogen wird. In ihr wird die Verantwortung stets weitergegeben, bis das Produkt die Endstation erreicht: den Müllberg. Hier spielt der Begriff der Verantwortung kaum noch eine Rolle, weil das Produkt inzwischen jegliche Identität eingebüßt hat und sich in einem großen anonymen Materialhaufen verliert, dessen Verwertungsmöglichkeiten stark eingeschränkt sind. Die spezifischen Materialien des Produkts und seine Möglichkeiten sind zum größten Teil für immer verloren.

Die letzte Instanz vor der Endstation ist immer dieselbe: der Konsument. Er muss darüber entscheiden, was mit dem Produkt am Schluss geschehen soll. Dabei sieht er sich gezwungen, Verantwortung für die Konsequenzen von Handlungsabläufen zu übernehmen, auf die er selbst keinerlei Einfluss hatte: für technische Entscheidungen, bei denen er sich gar nicht auskennt, für Entwicklungen bei Innovationen, die er nicht bestimmen kann, und für soziale Umstände, derer er sich kaum bewusst ist.

„Endverbraucher"

Ob es sich nun um eine Waschmaschine, ein Smartphone oder ein Kleidungsstück handelt, es ist immer die gleiche Geschichte:

Dem Konsumenten und letzten Besitzer eines Produkts werden Probleme aufgebürdet, die er nicht selbst verursacht hat. Wenn ich eine Glühlampe kaufe, weiß ich noch nicht, dass sie nach tausend Stunden Brenndauer kaputtgehen wird. Ich weiß auch nicht, wie viele Materialien dafür verwendet und verschwendet worden sind, wie energiesparend und sozial vertretbar der Produktionsprozess gewesen ist, und genauso wenig weiß ich, was sich in der Glühbirne befindet, die ich nach Gebrauch in den Müll werfen werde.

Dem Konsumenten wird eindeutig zu viel abverlangt. Er ist mit der Lösung dieser Probleme und mit der Verantwortung dafür vollkommen überfordert – und reagiert darauf mit der immer gleichen Entscheidung: Er wirft das Produkt in den Müll. In Form dieses Mülls werden die Entscheidungen einzelner Produzenten auf die Gesamtheit übertragen: Sie werden kollektiviert.

Damit entsteht eine immense Kluft zwischen den Entscheidungen der Hersteller und der Verantwortung für deren Folgen. Der Grund dafür liegt im ökonomischen Modell der Linearwirtschaft, wofür diese Kluft ein zentrales Merkmal ist. Zwar versucht der Gesetzgeber immer wieder, die Hersteller in die Pflicht zu nehmen (Grüner Punkt, Entsorgungsprämien etc.), doch die Produzenten finden immer wieder Wege, die entsprechenden Verordnungen und Gesetze zu umgehen.

Die fatale »Vergesslichkeitsmaschine«

Das heutige ökonomische System stellt in den Augen des niederländischen Soziologen Willem Schinkel eine »Vergesslichkeitsmaschine« dar. In dem Moment, in dem der Konsument das Produkt in Empfang nimmt, weiß er kaum etwas über die Produktionskette, die der gerade erworbene Gegenstand hinter sich hat, und noch weniger über die globalen Konsequenzen seiner Erwerbsentscheidung. Und meist ebenso wenig über den Verbleib des Produktes, nachdem er dieses nicht mehr benötigt.

Der niederländische Publizist Rob Wijnberg nennt das einen Akt der Verdunkelung, bei dem alles »von schwammigem Jargon, von den Nebelschwaden der PR- und Marketing-Abteilungen und von verwirrendem juristischen Wortschwall eingehüllt wird«.[1]

Weil Handlungsmöglichkeit und Verantwortung für die Konsequenzen dieses Handelns so weit auseinanderliegen, fühlt sich kaum jemand dazu aufgefordert, etwas zu tun.

Zwar gilt in Deutschland seit den 1990er-Jahren, dank des damaligen Bundesumweltministers Klaus Töpfer, das Prinzip der erweiterten Produzentenverantwortung für Industrie und Handel, was so viel heißt wie, dass den Produzenten die Hauptverantwortung für die Müllentsorgung übertragen wurde. Dank dieses Gesetzes ist Deutschland mit der Schweiz, Österreich und den Niederlanden führend im Recycling – eine enorme Verbesserung der ursprünglichen Situation. Dennoch kann auch hier bei näherer Betrachtung noch keine Rede sein von einer Vereinigung von Macht und Verantwortung. Die Industrie hat durch das sogenannte Duale System die Verantwortung an einige große Abfallunternehmen übertragen, die Kosten für die Entsorgung zahlen die Verbraucher über den Produktpreis und von einem wirklichen Schließen des Kreislaufs kann leider keine Rede sein.

»Macht und Verantwortung sind untrennbar miteinander verbunden«, sagte bereits 1956 Bundeskanzler Konrad Adenauer auf dem 4. Ordentlichen Bundeskongress des Deutschen Gewerkschaftsbundes (DGB) in Hamburg und mahnte damals die Verantwortung der Gewerkschaften als wichtiger Bestandteil des gesamten wirtschaftlichen Organismus an. Aber der Satz gilt natürlich weit darüber hinaus.

Trennt man Macht und Verantwortung voneinander, sind die Folgen umso unübersehbarer, je größer die Dimensionen des Problems sind: Das haben uns zuletzt die immensen Finanzspekulationen, die zur weltweiten Wirtschaftskrise von 2008 geführt haben, schmerzlich vor Augen geführt. Viele Akteure in der Finanzbranche gingen sehr große Risiken ein, da durch die Komplexität der Finanzprodukte keiner wusste, wer die Folgen ihres Tuns zu tragen hatte. Keiner fühlte sich verantwortlich, keiner konnte zur Rechenschaft gezogen werden.

Egal, wie man den Produktlebenszyklus manipuliert, es läuft immer auf das Gleiche hinaus: Der Käufer muss, ahnungslos und ohne dass man ihn darüber informiert hätte, die Verantwortung für ein organisiertes Problem tragen, das nicht er, sondern der Produzent in voller Kenntnis des Sachverhalts verursacht hat. Der Produzent »löst« mit dem neu geschaffenen Produkt ein Problem, das nur ihn betrifft: die Endlichkeit seines ursprünglichen Geschäftsmodells.

Zur Zeit des Phoebuskartells waren die Grenzen der Rohstoffvorkommen auf der Erde noch in weiter Ferne. Es war die Zeit des Kolonialismus. Hatte man einen bestimmten Ort seiner sämtlichen natürlichen Ressourcen beraubt, machte man sich einfach auf die Suche nach einem anderen. Gemäß der Maxime: *»The sky is the limit!«* Die Grenzen des Gesamtsystems Erde waren noch lange nicht in Sicht, und es herrschte das illusorische Gefühl der Grenzenlosigkeit.

Spätestens durch den Bericht des Club of Rome über die »Grenzen des Wachstums« 1972 wurden wir eines Besseren belehrt: Es gibt Grenzen, unsere Umwelt ist endlich und die Rohstoffvorkommen erschöpflich. Außerdem beeinflussen wir mit unserem Handeln die Umwelt viel mehr, als wir es uns jemals vorstellen konnten.

Trotzdem ändern wir unser Handeln bis heute nicht und akzeptieren nach wie vor ein Wirtschaftssystem, das sich vollkommen eindimensional entwickelt hat: linear eben. Dabei fördern wir Rohstoffe, verarbeiten sie zu Werkstoffen, produzieren daraus Güter, die wir gebrauchen, verbrauchen und schließlich wegwerfen – Ende der

Geschichte. Konsum führt im linearen System unweigerlich zu Müll. Er ist die natürliche Konsequenz des auch Take-make-waste-Ökonomie genannten linearen Produktionsprozesses und keineswegs deren zufälliges Nebenprodukt.

Die geplante Obsoleszenz beschleunigt diesen Prozess zusätzlich. Nach einer Untersuchung der United Nations University (UNU) wurden 2016 weltweit 44,7 Millionen Tonnen Elektromüll produziert (davon 1,7 Millionen Tonnen in Deutschland).[2] Zur Illustration: Mit dieser Menge Müll könnte man 1,15 Millionen 40-Tonnen-Lkws füllen, die hintereinander gestellt eine Autoschlange von 28.000 Kilometern Länge ergäben – das ist dreimal die Distanz Frankfurt–Tokio. Jedes Jahr! Und die Tendenz ist steigend. Für das Jahr 2021 erwartet die UNU, dass sich diese Menge um weitere 17 Prozent auf über 52,2 Millionen Tonnen erhöhen wird oder weitere 4.700 Kilometer.[3] Und selbst in Deutschland, das sich gerne als Recycling-Weltmeister feiert, wird nicht einmal die Hälfte der Elektorgeräte recyclet.

Das bedeutet, dass große Mengen wertvoller und knapper werdender Metalle unwiederbringlich verloren gehen, aber auch Schadstoffe nicht sicher entsorgt werden.[4]

Langsamer sterben – Recycling ist Downcycling

Die Logik des Geschäftsmodells vom Produkt als organisiertem Problem bewegt sich ausschließlich in einer einzigen Dimension: der finanziellen. Angestrebt wird Gewinnmaximierung, alles andere ist nicht von Interesse. Der Nutzen ist rein monetärer Art und dem Produzenten bzw. den Aktionären vorbehalten. Die Kosten dafür tragen die Produzenten kaum – jedenfalls nicht direkt. Sie werden ausgelagert und dem Konsumenten zugeschoben, der sie dann der Umwelt aufbürdet, wodurch sie schließlich wieder bei der Gesellschaft landen: in Form von Umweltverschmutzung und Klimawandel.

Einige Initiativen versuchen, diese sogenannten »externen Kosten« finanziell transparent zu machen. So entstand 2007 im Umfeld des G8+5-Treffens in Potsdam die Forschungsinitiative *The Economics of Ecosystems and Biodiversity* (TEEB). Diese Initiative zielt darauf, die »Dienstleistungen«, die durch Ökosysteme und Biodiversität erbracht werden, wie etwa saubere Luft, finanziell messbar zu machen und entsprechend zu bewerten.

Einen ähnlichen Ansatz verfolgt das Full Cost oder True Cost Accounting[5], das sich darum bemüht, über eine neue Art der Buchhaltung nicht nur die üblichen finanziellen Werte innerhalb eines Unternehmens zu betrachten, sondern auch die Auswirkungen auf das natürliche und soziale Kapital zu berechnen. Diese Auswirkungen werden monetär bewertet und in Euro ausgedrückt, sodass die Beträge in die finanzielle Berichterstattung aufgenommen werden können. Die »versteckten Kosten« der unternehmerischen Aktivitäten, die üblicherweise noch externalisiert werden, werden mit dieser Methode sichtbar gemacht und mit in die Bilanzen einbezogen.

Doch die Natur hat kein Preisschild. Barbara Unmüßig, Vorstandsmitglied der Heinrich-Böll-Stiftung, kritisierte TEEB und die ökonomische Bewertung wiederholt scharf. Sie wirft dem Ansatz vor, den Weg für Vermarktung und Privatisierung der Natur zu ebnen.

In der Tat birgt der Ansatz Gefahren, und doch haben diese Kosten, ob nun finanziell bewertet oder nicht, enorme Auswirkungen auf die Grundbedingung unserer Existenz: eine lebensfreundliche Umwelt. Diese Umwelt aber nimmt in den Erwägungen der Produzenten bestenfalls einen geringen Stellenwert ein; sie ist etwas, auf das man im Ernstfall keine Rücksicht zu nehmen braucht. Mit anderen Worten: Der Profit wird privatisiert, die Risiken vergesellschaftet, die Umwelt ruiniert. Der Konsument hat in dieser Geschichte kaum eine Wahl. Erwirbt er ein Produkt, wird er dessen Besitzer und trägt unbewusst und unfreiwillig die Verantwortung dafür, was am Ende mit dem Produkt zu geschehen hat. Eigentum wird damit zum Risiko.

Es gibt Risiken, denen man ausweichen kann – indem man zum Beispiel nicht raucht oder trinkt oder sein Geld auf die Bank trägt, statt damit zu spekulieren –, doch beim Eigentum ist das so gut wie unmöglich. Vor allem langfristig sind die Probleme vorprogrammiert und haben bereits begonnen: Die Rohstoffe sind endlich und werden in der Linearwirtschaft aufgebraucht.

2011 nannte PricewaterhouseCoopers den Rohstoffmangel eine »tickende Zeitbombe«.[6] Das ist ein sehr zutreffendes Bild, obwohl diese Bombe wohl eher implodieren als explodieren wird.

Aufgrund des gigantischen Wirtschaftswachstums, das mit der Industriellen Revolution eingesetzt hat, gehen uns Materialien in zunehmendem Tempo verloren: So wurde in China allein zwischen 2011 und 2013 mehr Zement verbraucht als in den Vereinigten Staaten im gesamten zwanzigsten Jahrhundert![7]

Die Menge der verfügbaren Rohstoffe schwindet umgekehrt proportional zum exponentiellen Wachstum der Ökonomien. In Expertenkreisen spricht man hier vom sogenannten Peak (Höhepunkt), zum Beispiel von »Peak-Minerals«. Der Peak ist erreicht, wenn die Gewinnung des Rohstoffs aufgrund des zunehmenden Energiebedarfs nicht mehr wirtschaftlich ist. Ohne Gegenmaßnahmen werden die wirtschaftlich gewinnbaren Vorkommen vieler Metalle und Metallerze innerhalb des laufenden Jahrhunderts verbraucht sein – das gilt vor allem für viele Seltene Erden, die unter anderem für die Produktion von elektronischen Geräten unentbehrlich sind.[8] Aber selbst der sprichwörtliche Sand am Meer wird knapp. Da sich der Wüstensand nicht zum Bauen eignet, werden weltweit Küsten und Flussmündungen durch das sogenannte Sandmining bedroht. In Indonesien sind bereits ganze Inseln von der Landkarte verschwunden.[9]

Bereits in der eindimensionalen, finanziellen Perspektive zeigt sich die fehlerhafte Logik dieses linearen Wirtschaftssystems: Produzenten sehen sich mit schwankenden Rohstoffpreisen konfrontiert und können sich der ständigen Zufuhr von Materialien, die sie für ihren Produktionsprozess benötigen, nicht mehr sicher sein. Wenn eines Tages keine Ressourcen mehr zur Verfügung stehen (jedenfalls nicht zu einem Preis, mit dem sich ein Gewinn erwirtschaften lässt) und nichts unternommen wird, um die zu einem früheren Zeitpunkt gewonnenen Rohstoffe zu bewahren, wird der lineare Produktionsprozess zum Erliegen kommen. Mit großen Folgen für die Wirtschaft, die Gesellschaft und die Umwelt.

Claus Leggewie und Harald Welzer schreiben in ihrem Buch *Das Ende der Welt, wie wir sie kannten*: »So stellt die Endlichkeit der natürlichen Ressourcen – die Begrenztheit von Boden, die Erschöpfung der Wasservorräte und die Grenzen der Belastbarkeit der Luft – die Schnittfläche einer multiplen Krise dar. Klimawandel, klassische Umweltprobleme, Energiekrise, Wasser- und Ernährungskrise sowie das Wachstum der Weltbevölkerung kumulieren sich zu einer übergeordneten Metakrise, die die Überlebensbedingungen des Erdsystems in Frage stellt.«

Es geht um ein Geschäftsmodell (inklusive dazugehörigem linearen Produktionsprozess), von dem wir wissen, dass es, wenn wir nicht eingreifen, alles vernichten wird – sich selbst eingeschlossen. Dennoch wird es kaum hinterfragt. Zugegeben, wir trennen unseren Müll und versuchen zu recyceln. Doch das sind nur halbherzige Maßnahmen. Sie reichen bei Weitem nicht aus. In Deutschland werden 67 Prozent des Müllaufkommens stofflich recycelt; doch für die EU liegt der Durchschnitt bei nicht mal 36 Prozent, ganz zu schweigen vom globalen Müllmanagement. Bilder vom Plastikmüll im Meer oder der Müllkrise in Beirut führen uns die dramatischen Dimensionen des Problems krass vor Augen, auch wenn wir lieber wegsehen.

Zudem kann man kaum von einer substanziellen Werterhaltung der Materialien sprechen. In Schweden, das sich einer Recyclingquote von 99 Prozent rühmt, werden laut einer gerade erschienenen Studie gerade einmal 24 Prozent des ursprünglichen Materialwertes erhalten. Ein riesiger Teil des Mülls wird verbrannt. Und auch am deutschen System gibt es Kritik: »Wir trennen vorbildlich in allen Bereichen, aber die Quoten, die erreichen wir nur durch statistische Tricks«, sagt Thomas Obermeier. Der Ehrenvorsitzende der Deutschen Gesellschaft für Abfallwirtschaft (DGAW) geht auf Basis eigener Berechnungen davon aus, dass 36 bis 40 Prozent des Hausmülls tatsächlich stofflich recycelt werden und nicht 67 Prozent, wie die offizielle Statistik ausweist. Ob man auch von einer entsprechend hohen Werterhaltung ausgehen kann, muss man bezweifeln.

2015 erstellte der Wissenschaftler Henning Friege auf Bitte des Rats für Nachhaltige Entwicklung den Challenger-Bericht zu »Ressourcenmanagement und Siedlungsabfallwirtschaft«. Sein Fazit:

»Der Kreislauf ist bei vielen Abfällen nur Fiktion [...] Angesichts dieser Fakten erinnert die verbale Wandlung der Abfallwirtschaft zur Kreislaufwirtschaft an Hans Christian Andersens Märchen von des Kaisers neuen Kleidern.«[10]

Denn selbst wenn recycelt wird, dann bleibt nur ein Bruchteil des ursprünglichen Werts des Materials erhalten – oftmals eignet sich das Material lediglich noch als Füllmaterial im Straßenbau; oder es verwandelt sich einstmals hochwertiger Kunststoff zu Blumenkübeln oder Parkbänken, ein Prozess, der »Downcycling« genannt wird. Recycling schließt den »Kreislauf« nicht, wie das Wort »Recycling« vermuten lässt, sondern das lineare System bleibt erhalten: Wir bremsen lediglich das Tempo der Ressourcenverschwendung geringfügig.

Die Maßnahmen der Regierungen, mit denen die Verschwendung eingedämmt werden soll, sind unzulänglich. Das gilt auch für bereits existierende Systeme zur Rückgewinnung von Materialien. Die Ursachen des Problems liegen tiefer. Wie fast jedes Problem, kann es nicht gelöst werden, indem man nur die Symptome behandelt oder bestenfalls das System optimiert. Eine Symptombehandlung, wie sie oft in der Nachhaltigkeitsbewegung exerziert wird, lenkt vom eigentlichen Problem – der Linearwirtschaft – ab und unterstützt sie in gewissem Maße sogar noch.

Um ein krasses Bild zu gebrauchen: Unser Wirtschaftssystem siecht auf der Intensivstation unter einem Sauerstoffzelt dahin, und wir denken über ein nachhaltiges Sauerstoffzelt nach. Einen Arzt, der eine Krankheit nur mit Schmerzmitteln behandeln würde, ohne Bereitschaft zu zeigen, ihre Ursache herauszufinden, würden wir für verantwortungslos halten und uns schleunigst einen neuen suchen. Bei der Umwelt aber lassen wir uns damit abspeisen. Dabei ist die Umwelt die Basis für alles, was auf Erden existiert: für Geschäftsmodelle, Produktionsketten und Ärzte. Sie ist die Grundlage allen Seins.

Die Frage lautet: Wie können wir das Problem lösen? Was müssen wir tun, um die endlichen Geschäftsmodelle, den maßlosen Überkonsum und die Verschwendung loszuwerden? Können Innovation und Technologie uns dabei helfen?

Die Antwort muss lauten: nicht, wenn sie der geplanten Obsoleszenz dienen. Diese führt, wie wir gesehen haben, nur zu noch mehr Müll und höherer Produktion. Gibt es eine andere Möglichkeit?

Man muss Wohlstand vom Materialverbrauch entkoppeln

In den Ländern des »real existierenden Sozialismus« gab es eine umgekehrte Form der geplanten Obsoleszenz. So wurde zum Beispiel in der ehemaligen DDR per Gesetz geregelt, dass Gegenstände mindestens fünfundzwanzig Jahre funktionieren mussten.[11] Und auch Glühlampen brannten ja wesentlich länger als tausend Stunden. Natürlich gründete diese Maßnahme nicht auf Idealismus. Da das kommunistische Ostdeutschland vom Westen abgeriegelt war, gab es keinen freien Verkehr von Kapital und Gütern, wie es die

Grundlage des kapitalistischen Systems ist. Die Geschäfte verfügten nur über ein minimales Angebot, und die finanziellen Mittel der ostdeutschen Bevölkerung waren begrenzt. Eine große Auswahl hatte der Käufer nicht, und auf manche Produkte wie etwa ein Auto musste er Jahre warten.

Aus diesen nachvollziehbaren Gründen achtete die Regierung der DDR auf eine gute Qualität der Produkte. Die Verantwortung dafür lag bei den Produzenten und nicht, wie bei uns heute üblich, bei den Verbrauchern. Einige dieser Haushaltsgeräte haben sogar die DDR überlebt und funktionieren noch heute.

Natürlich halten Dinge nicht ewig. Das perfekteste Produkt geht irgendwann kaputt. Aber vielleicht können wir die Endlichkeit der Produkte dadurch möglichst weit hinauszögern, indem wir die Entwürfe gründlich durchdenken, die Herstellung mit großer Handwerklichkeit, Liebe und Sorgfalt durchführen und/oder die einzelnen Komponenten austauschbar machen.

Aber auch über die Erhaltung, Verwendbarkeit und Verfügbarkeit der Materialien über den Produktlebenszyklus hinaus muss nachgedacht werden. Wir müssen die Geschäftsmodelle auf die Zukunft ausrichten und Wirtschaftswachstum und Wohlstand vom Materialverbrauch entkoppeln. Dafür brauchen wir neue Modelle, die das Dilemma zwischen betriebswirtschaftlich bedingter Materialvernichtung und volkswirtschaftlich notwendigem Materialerhalt auflösen.

Eines der Dilemmata ist, dass es aufgrund noch stets relativ niedriger Materialkosten und hoher Steuern auf Beschäftigung für das einzelne Unternehmen kostengünstiger ist, Produkte neu zu produzieren, anstatt Reparaturen auszuführen. Das Wuppertal Institut hat hier bereits vor Jahren den Vorschlag einer Steuerreform gemacht, die Material und Energie höher, Arbeit jedoch niedriger besteuert. Die oben erwähnte Entscheidung Schwedens, die Mehrwertsteuer von Reparaturkosten zu senken, ist ein erster Schritt auf diesem Weg.

Das Allerwichtigste jedoch ist, Handlungsoptionen, also Macht und Verantwortung wieder in einer Hand zu vereinen. Wer in einem Produktionsprozess Entscheidungen fällt, muss dafür auch langfristig die Folgen tragen und darf die Verantwortung dafür nicht einfach an den überforderten Verbraucher weiterveräußern. Nur so ist gewährleistet, dass bereits zu Anfang des Produktionsprozesses die Langfristigkeit berücksichtigt wird.

Dafür sind neue Spielregeln nötig, neue Geschäftsmodelle mit Zukunft gewissermaßen. Nur wer die Geschäftsmodelle verändert, kann die Realität verändern. Eine der neuen Spielregeln könnte lauten: Mache aus dem Produkt eine Dienstleistung! Bei diesem neuen Wirtschaftsmodell erwirbt der Verbraucher kein Produkt, sondern nimmt eine Leistung entgegen.

Wie das geht, zeigen wir auf den nächsten Seiten.

4.

RAUMSCHIFF ERDE ODER: WIE ÖFFNET MAN EIN GESCHLOSSENES SYSTEM?

»Im Raumschiff Erde gibt es keine Passagiere.
Wir gehören alle zur Mannschaft.«
MARSHALL MCLUHAN

Am 11. April 1970 um 13.13 Uhr startete das Raumschiff *Apollo 13* ins All, sein Name: *Odyssey*. Das Ziel: der Mond. An Bord waren die Piloten Jack Swigert und Fred Haise sowie der Kommandant James Lovell, ein alter Hase in seinem Fach. Er hatte bereits der Besatzung von *Apollo 8* angehört.

Die ersten zwei Tage der Mondmission verliefen problemlos. Nach 46 Stunden kam aus dem Kontrollzentrum die Meldung, dass das Raumfahrzeug in ausgezeichnetem Zustand sei. Das NASA-Team begann sich bereits zu langweilen.

Kurze Zeit später explodierte ein Sauerstofftank, beschädigte den zweiten und veranlasste Lovell zu den historischen Worten: *»Houston, we've had a problem here.«*

Sofort trommelte die NASA ihre fähigsten Köpfe zusammen. Es galt, so schnell wie möglich eine Lösung zu finden. »Scheitern war keine Option.« Millionen von Amerikanern verfolgten die Rettungsaktion live im Fernsehen. Da die Mondlandung noch nicht stattgefunden hatte, konnte die Besatzung auf die Stromversorgung, den Sauerstoff und das Wasser der Mondfähre *Aquarius* zurückgreifen.

Allerdings war das Lebenserhaltungssystem der Mondfähre nur auf zwei Personen und zwei Tage ausgerichtet. Das Team in

Houston war gezwungen, die *Apollo 13* früher als eigentlich geplant zur Erde zurückzuholen. Um Energie zu sparen, schaltete man möglichst viele Geräte ab, unter anderem den Bordcomputer und das Navigationssystem. *Apollo 13* sollte so tief wie möglich über den Mond fliegen, damit das Raumschiff auf dessen Rückseite im geeigneten Moment in die kürzeste Bahn eintauchen und unter Ausnutzung des Gravitationsfeldes auf die Erde zurückkehren konnte.

Die Kurskorrektur gelang, doch da tauchte ein weiteres Problem auf. Die Messgeräte zeigten, dass im begrenzten Raum der Mondfähre der Kohlenstoffdioxidgehalt in rasantem Tempo stieg. Die Luftfilter in der Mondfähre verfügten nicht über genügend Kapazitäten für drei Personen. Im Mutterschiff *Odyssey* befanden sich zwar zusätzliche Filterkomponenten, doch sie waren quadratisch, im Gegensatz zu den runden in der Mondfähre. Fand man nicht schnell eine Lösung, würde die Besatzung ersticken. Es war keine Zeit zu verlieren.

Fieberhaft suchten die Techniker nach einer Lösung. Sie versuchten, ein Verbindungsstück zu entwickeln – zusammengesetzt allerdings mithilfe der Materialien, Geräte und Werkzeuge, die an Bord des Raumschiffs waren. Schließlich präsentierten sie einen Adapter aus Karton, Plastiktüten, Löschschläuchen und ganz besonders wichtig: Klebeband.

Nach einem kurzen Test im Labor funkten sie die »Bauanleitung« zur *Apollo 13* hoch. Der Besatzung gelang es, das Verbindungsstück nachzubauen und zu installieren. Kurz danach sanken zur Erleichterung aller Beteiligten die Zeiger der Kohlendioxidmessgeräte und das Warnlicht hörte auf zu blinken. Einen Schönheitswettbewerb hätte die sogenannte »Mailbox« nicht gewonnen, erklärte Lovell später in seinem Buch *Lost Moon*, aber sie funktionierte: Am 17. April landete die erschöpfte und abgemagerte Besatzung der *Apollo 13* sicher auf der Erde. Die Odyssee war zu Ende.[1]

Limited Edition – Was verbraucht ist, ist verbraucht

Das Raumschiff *Odyssey* war physisch ein geschlossenes System. Alles, was die Besatzung während des Aufenthalts im All benötigen könnte, war vorhanden, doch mehr auch nicht. Entstand ein Problem, konnte das nur mit Mitteln gelöst werden, die sich im Raumschiff befanden. Nichts konnte von außen herbeigeschafft werden. Ging etwas verloren – wie bei *Apollo 13* der Sauerstofftank –, so konnte es nicht ersetzt werden. Eine solche Endlichkeit ist ein Charakteristikum aller geschlossenen Systeme und führt dazu, dass jedes ihrer Elemente den Status einer »Limited Edition« besitzt. Was verbraucht ist, ist verbraucht.

Auch die Erde ist ein geschlossenes System. Nicht umsonst nannte der niederländische Raumfahrer Wubbo Ockels unseren Planeten »Raumschiff Erde«. Als Astronaut sah er 1985 bei seinem siebentägigen Ausflug mit der Raumfähre *Challenger* ins Weltall die Erde mitten im unermesslichen, dunklen Weltraum schweben, sah ihre Schönheit, aber auch ihre Grenzen – und damit ihre Verletzlichkeit: »Die Erde schwebt da dreihundert Kilometer unter dir«, sagte er später. »Mir wurde bewusst, dass alles, was im Leben wertvoll ist, dort auf dem, wie ich es nenne, einzigen Raumschiff ist, das wir haben. Es gibt keine Reserve-Erde.«

Wir Erdbewohner aber können uns diese Endlichkeit nur schwer vorstellen, denn wir leben in einer Welt, die so reich, üppig und groß ist, verglichen mit uns selbst, dass sie uns fast unendlich erscheint – kaum vergleichbar mit einem Raumschiff. Dennoch besteht der Unterschied zwischen Erde und Raumschiff nur in der Größe: Die Grenzen der *Odyssey* sind für uns nachvollziehbar, die des »Raumschiffs Erde« aber liegen in so weiter Ferne, dass wir den Raum dazwischen als unendlich erfahren.

Doch sehr viel Platz bedeutet noch lange nicht Unendlichkeit.

Man denke nur an den amerikanischen Spielfilm *Die Truman Show* von 1998, in dem Truman, dargestellt von Schauspieler Jim

Carrey, seine Welt als grenzenlos erscheint.[2] Er hat keinerlei Anhaltspunkte dafür, dass er sich in einem riesigen Filmstudio befindet, in dem man lediglich einen kleinen Teil der Welt nachgebildet hatte. Viele Jahre genügt ihm der Raum, der ihm zur Verfügung steht, und er hält die Welt, in der er lebt, für unendlich groß. Doch als er beschließt, mit seinem Boot Richtung Horizont zu fahren, endet die Fahrt zu seinem großen Erstaunen nach einiger Zeit an der Studiomauer.

An diesem Beispiel zeigt sich: Eine Grenze offenbart sich erst, wenn man sie buchstäblich oder im übertragenen Sinne erreicht und dagegen läuft. Handelt es sich dabei um eine gewöhnliche physische Begrenzung, dreht man einfach um und fährt zurück.

Bei einem physisch geschlossenen System ist dies der Augenblick, wo alles verbraucht ist. Realisiert man erst dann, dass man sich die ganze Zeit in einem geschlossenen System befunden hat, gibt es kein Zurück. Was verloren ist, ist für immer verloren.

Unbegrenzte Ressourcen: Energie, Daten, Intelligenz

Das Glück der Apollo-13-Besatzung bestand darin, dass nahezu unbegrenzt »immaterielle Ressourcen« zur Verfügung standen, nämlich genau drei:

Da war zunächst die Sonnenenergie (die Grundlage allen Lebens auf der Erde), auf die *Apollo 13* zurückgreifen konnte. Ein Stern wie die Sonne lebt so lange, wie ihm Kernreaktionen Energie liefern – ungefähr zehn Milliarden Jahre lang. Bereits seit mehr als viereinhalb Milliarden Jahren überflutet die Sonne unsere Erde mit Energie. Für uns Menschen ist die Sonne fast eine unendliche Ressource. Ohne sie wäre kein Leben auf der Erde möglich: Der Apfelbaum lässt seine Früchte im sonnigen Frühjahr und Sommer reifen, im kalten und dunklen Herbst und Winter aber ist kaum Leben in ihm. Doch dank der ewigen, rhythmischen Wiederkehr der Sonne ist diese Endlichkeit endlich und ihre Energie macht alles Endliche in der Natur unendlich verfügbar.

Die zweite Ressource, die bei der Rettungsaktion des Raumschiffs eine große Rolle spielte, waren Daten (durch die wir die Welt erfassen), ebenfalls eine »immaterielle Ressource«, ebenfalls quasi »unlimited«. Zum Beispiel die Daten, die der Kohlenstoffdioxidmesser lieferte und sowohl die Besatzung als auch die Raumfahrtzentrale in Houston über die Luftqualität in der Mondfähre informierte. Daten können dazu dienen, uns der Grenzen unserer physischen Welt bewusst zu werden.

Das geschieht mittels der dritten »immateriellen Ressource«, der Intelligenz, mit deren Hilfe wir uns Informationen beschaffen können. Mit ihr werten wir die Daten nicht nur aus, sondern interpretieren sie auch. Mit den gewonnenen Erkenntnissen können wir einen falsch eingeschlagenen Kurs rechtzeitig ändern. Im Fall der *Apollo 13* schloss die Intelligenz aller Beteiligten aus den gelieferten Daten, dass die Luft nach kurzer Zeit eine zu hohe Kohlenstoffdioxidkonzentration aufweisen würde.

Daten und Intelligenz machen gemeinsam die Grenzen eines Systems sichtbar, bevor diese tatsächlich erreicht sind. Mithilfe unserer Intelligenz erkennen wir die Dringlichkeit eines Problems, bevor es akut wird. Zum Glück, denn sobald ein Problem »akut« ist, ist es oft zu spät, um etwas zu ändern. Die Intelligenz der klugen Köpfe in Houston erdachte sich den Rettungsweg für das Raumschiff der *Apollo 13*.

Durch Daten und Intelligenz können wir Zukunftsszenarien entwickeln, berechnen und simulieren. Doch ohne entschlossenes Handeln, das diesen Zukunftsszenarien entgegenwirkt, ist das alles sinnlos. Denken wir nur an den Klimawandel oder die Flüchtlingsströme aus Syrien, Afghanistan und Afrika. Schon lange bevor die Menschen nach Europa aufbrachen, gab es ausreichend Informationen, durch die man ihre Fluchtbewegung voraussehen konnte. Dennoch fehlt es bis heute an entschlossener Prävention.

Für die physischen Grenzen der Erde gilt das Gleiche: Seit knapp einem halben Jahrhundert wissen wir, dass unser System Grenzen besitzt; man hat sie längst identifiziert. Ein Team aus Wissenschaftlern des berühmten Massachusetts Institute of Technology (MIT) wies mithilfe von Computermodellen bereits 1972 auf die »Grenzen des Wachstums« innerhalb der nächsten hundert Jahre hin.[3] Die University of Melbourne bestätigte vierzig Jahre später, dass der als »Report of the Club of Rome« berühmt gewordene Bericht die heutige Wirklichkeit erschreckend genau vorausberechnet habe.[4]

Bereits seit dem Ende des 19. Jahrhunderts wird vermutet, dass der von Menschen verursachte CO_2-Ausstoß zu einer Aufwärmung der Erdatmosphäre führt,[5] was der sogenannte Weltklimarat, das Intergovernmental Panel on Climate Change (IPCC), der die Erkenntnisse von Tausenden von Wissenschaftlern aus aller Welt zusammenträgt und auswertet, inzwischen für wissenschaftlich bewiesen hält.[6] Selbstverständlich handelt es sich dabei immer noch um »wahrscheinliche« Szenarien – als Realität erweist es sich immer erst im Nachhinein. Trotzdem geben sie uns die Möglichkeit, unseren Kurs rechtzeitig und dauerhaft zu verändern, wie das Beispiel von *Apollo 13* zeigt.

Das Schöne an unserer Intelligenz ist, dass ihre Entwicklung so ganz anders verläuft als die unseres physischen Leibes: Je älter wir werden, desto mehr nimmt unser Körper an Leistungsfähigkeit ab. Das aber trifft nicht für unseren Geist zu, jedenfalls nicht für die meiste Zeit unseres Lebens. Geistig können wir unser ganzes Leben lang »wachsen«, manchmal sogar besser, je älter wir werden. Denn, um es mit Platon zu sagen, »das Auge des Geistes fängt erst an scharf zu sehen, wenn das Leibliche von seiner Schärfe schon verlieren will«.[7]

Und da wir inzwischen immer mehr Informationen austauschen, die wir dank unserer Intelligenz geschaffen haben, können wir als Menschheit geistig sogar ewig weiterwachsen. Das Physische mag endlich sein – unser geistiger Raum aber ist unendlich.

Dank der Unendlichkeit dieses »geistigen Raumes« können wir uns unendlich viele Möglichkeiten ausdenken, um unsere endlichen Ressourcen einzusetzen. Durch die Kombination von endlichen physischen Ressourcen und unendlichen immateriellen wie Intelligenz, Daten und Energie kann etwas Entscheidendes entstehen.

Ohne Karton, Plastiksäcke, Löschschläuche und Klebeband in Verbindung mit der Intelligenz der NASA-Techniker hätte die Besatzung der *Apollo 13* die Erde niemals wiedergesehen. Was für die Mannschaft der *Apollo 13* galt, trifft auch auf uns Menschen des Raumschiffs Erde zu: Die »materiellen« Ressourcen sind begrenzt, aber mit unseren »immateriellen« Ressourcen – Sonnenenergie, Daten und Intelligenz – lässt sich der von uns eingeschlagene Kurs, der auf die Grenzen des Systems zusteuert, noch ändern, und damit lassen sich auch die endlichen Ressourcen der Erde für eine unendliche Zeit zur Nutzung erhalten.

Unser Ziel muss es sein, die bestehenden Strukturen der Linearwirtschaft in einen neuen Ordnungskanon umzuwandeln, der uns diesen Gegenkurs einschlagen lässt: weg von den unabänderlichen Grenzen unseres geschlossenen Systems!

Das bedeutet allerdings, dass wir die Notwendigkeit dieser Maßnahmen überhaupt erkennen und nach ihnen handeln, statt uns weiterhin nur danach zu richten, was gerade möglich erscheint. Solche Politik der kleinen Schritte gab es bedauerlicherweise beim Klimagipfel in Paris 2015. Hier vereinbarte man leider nicht das, was tatsächlich nötig wäre, um den Klimawandel zu stoppen oder wenigstens zu bremsen, sondern nur das, was politisch durchsetzbar schien – und das war der kleinstmögliche gemeinsame Nenner. Währenddessen rasen wir weiter mit voller Geschwindigkeit auf die Grenzen unserer Wachstumsökonomie zu.

Der Grund für unsere halbherzigen Schritte gegen den »Climate Change« liegt an der mangelnden Durchsetzung eines notwendigen »Mind Change«. Doch nur wenn wir unser »Mind Set« ändern, können wir die heutige Raubbauwirtschaft in eine Erntewirtschaft mit Zukunft umgestalten.

Die Illusion der Isolation: Alles ist gleich wichtig

Innerhalb des geschlossenen Systems der Erde ist alles Materielle begrenzt. Aber nicht nur das: Alles darin ist von gleicher Wichtigkeit, weil alles mit allem zusammenhängt.

»Jedes Element beinhaltet das Ganze, und jedes Element ist abhängig von allen anderen Elementen«, schreibt Trinh Xuan Thuan in seinem 2001 gemeinsam mit Matthieu Ricard verfassten Buch *Quantum und Lotus*. Der amerikanisch-vietnamesische Astrophysiker beschäftigt sich an der Universität von Virginia mit der Erforschung der Galaxien jenseits der Milchstraße und mit der Geschichte der Bildung der Elemente vom Urknall bis zur Galaxienentstehung und Evolution.

Jedes noch so kleine Element ist ein unverzichtbares Rädchen im System und unter Umständen für große Veränderungen verantwortlich. Jedes System bildet eine Einheit und befindet sich in einem komplizierten, aber äußerst entscheidenden Gleichgewicht. In einem geschlossenen System gibt es deshalb keine isolierten Elemente, keine einzelnen Vorfälle, sondern nur Phänomene des Ganzen.

Wir sind es zwar gewohnt, Elemente und Ereignisse isoliert zu betrachten (und uns selbst als etwas zu sehen, was sich rein zufällig auf der Erde befindet und nicht als Teil eines geschlossenen Systems), aber in der Natur gibt es keine vollständige Isolation. Alles hängt mit allem zusammen und alles ist gleich wichtig.

Je genauer man hinschaut, desto klarer wird es, dass unsere Welt ein einziges großes Ökosystem interagierender Elemente ist, und jede Trennung, die man zwischen ihnen vornimmt, nur eine theoretische und keine reale. Oder, wie der Professor für kognitive Wissenschaften, Philosoph und Schriftsteller Douglas Hofstadter, erklärt: »Man kann nicht rund um den Vulkan eine Linie ziehen und behaupten: ›Nur Partikel innerhalb dieser Zone sind zugelassen‹, denn Partikel werden mit Sicherheit keine Rücksicht auf solche makroskopischen Grenzziehungen nehmen – ebenso wenig wie Ameisen sich um perfekt überwachte und sorgfältig gezogene Grenzlinien zwischen menschlichen Anwesen scheren.«[8]

Grenzlinien bestehen nur theoretisch: in unseren Köpfen – nicht in der Natur. Wer erkennt, dass unsere Erde ein einziges großes geschlossenes System ist, in dem alles mit allem zusammenhängt, für den wird die hierarchische Ordnung vom »Wichtigen« zum »weniger Wichtigen« bedeutungslos.

Genau darauf bezog sich der amerikanische Mathematiker, Meteorologe und MIT-Professor Edward N. Lorenz, als er 1972 vor der *American Association for the Advancement of Science* einen legendären Vortrag hielt. Lorenz erforschte die Erdatmosphäre und entdeckte beim Versuch, das Wetter mithilfe eines Computermodells vorauszusagen, dass minimale Ereignisse riesige Auswirkungen haben konnten. In seinem Vortrag zu Vorhersagbarkeit von Ereignissen – »Predictability« – erklärt er, dass theoretisch ein Schmetterling in Brasilien mit dem Schlag seiner hauchdünnen Flügel einen Tornado in Texas auslösen könne. Seither spricht man nicht nur vom (vorhersehbaren) »Schneeballeffekt«, sondern auch von einem (im Ausmaß unvorhersehbaren) »Schmetterlingseffekt«.[9]

Dieser Effekt ist in zahlreichen Technologien wirksam: Entfernt man ein winzig kleines Teilchen aus einem Smartphone, ist die Wahrscheinlichkeit groß, dass es nicht mehr funktioniert. Könnte das Smartphone auch ohne dieses Detail funktionieren, gäbe es das Gerät nicht in der Form, in der es existiert. Würde man sich über die Ausstattung eines Raumschiffs wie der *Apollo 13* Gedanken machen, würde man vermutlich ein Navigationssystem für wichtiger halten als ein Klebeband. Doch in der Realität erwies sich ausgerechnet das Klebeband für die Astronauten als rettendes Element.

Ein Teil kann noch so klein sein, in einem geschlossenen System ist es unentbehrlich und leistet einen unverzichtbaren Beitrag zum Ganzen. Der Wert eines Teils liegt im Verhältnis zum Ganzen – nicht in dem Maß, in dem es ein isoliertes Bedürfnis bedient. Und schon gar nicht im finanziellen Wert, den wir ihm durch das ökonomische Gesetz von Angebot und Nachfrage zuschreiben.

Unsere heutige Wirtschaft konzentriert sich auf die Beziehung zwischen Menschen und Geld. Doch in einem System, in dem alles gleich wichtig ist, ist die Priorität finanzieller Werte fatal.

Falsche Bedürfnisbefriedigung: Geld kann man nicht essen

Gerade weil innerhalb des Ganzen eines geschlossenen Systems alle einzelnen Teile begrenzt sind, also limitiert und somit gleichermaßen wichtig sind, müssen sie mit großer Sorgfalt bewahrt werden. Wir Menschen neigen dazu, alles mithilfe von Hierarchien zu strukturieren. Deshalb ist dieser Gedanke der Gleichwertigkeit nicht nur von allen Menschen, sondern sogar von allen Dingen für uns nur schwer begreifbar.

Hierarchien aber sind keineswegs real: Wir abstrahieren sie uns aus den Gegebenheiten, an die wir gewöhnt sind. Und je mehr wir es gewohnt sind, dass die Grundlagen unserer Existenz ständig verfügbar bleiben, desto blinder werden wir für die Tatsache, dass sie für uns unentbehrlich sind.

Wer ist sich heute in unserem westlichen Alltag noch bewusst, wie besonders der Zugang zu sauberem, fließenden Wasser eigentlich ist? Und wie verbreitet ist das Phänomen, dass der wahre Wert von Liebe oder Freundschaft erst dann erkannt wird, wenn sie auf dem Altar einer Karriere geopfert wurde?! Der Sozialpsychologe

Harald Welzer formuliert es so: »Wir lesen in keiner Todesanzeige: Er hat unermesslich viel Geld verdient, oder: Er fuhr einen riesigen SUV. Sondern da steht: Er wurde geliebt von seiner Familie, oder: Sie war eine gute Mutter.«[10]

Aber auch in der Natur gilt, dass jede Gattung, jede Tierart einen großen Einfluss auf das Gesamtsystem hat. So löste beispielsweise die Wiederansiedlung von Wölfen im Yellowstone Nationalpark in den USA eine Kette von Reaktionen im Gesamtsystem aus, was schließlich sogar den Lauf der Flüsse veränderte[11].

Wir achten hauptsächlich auf den finanziellen Wert der Dinge, weil in unserer Wirtschaftsordnung nur der Profit zählt und unsere Gesellschaftsordnung Geld mit Status verbindet. Dabei ist Geld nur ein Tauschmittel – notwendig, um Waren zu erwerben. Oder um es mit den viel zitierten, angeblich indianischen Worten zu sagen: »Erst wenn der letzte Baum gerodet, der letzte Fluss vergiftet, der letzte Fisch gefangen ist, werdet ihr merken, dass man Geld nicht essen kann.«

1943 brachte der amerikanische Psychologe Abraham Maslow die universellen Bedürfnisse des Menschen in eine theoretische hierarchische Ordnung, die »Maslowsche Bedürfnispyramide«. Seiner Theorie nach wendet sich der Mensch erst den in der Hierarchie weiter oben stehenden Bedürfnissen zu, nachdem die Bedürfnisse an der Basis weitgehend befriedigt wurden.[12]

Ganz unten befinden sich die physiologischen Bedürfnisse: Sauerstoff, Nahrung, Wasser, Wärme – es handelt sich um die körperlichen oder biologischen Grundbedürfnisse. Danach kommen die Bedürfnisse nach Sicherheit und Stabilität, gefolgt von den sozialen Bedürfnissen und den Individualbedürfnissen nach Erfolg und Ansehen. Obenan steht das Bedürfnis nach Selbstverwirklichung.

Da wir in unserer westlichen Gesellschaft alle »unteren Bedürfnisse« meist problemlos befriedigen können, übersehen wir leicht, wie abhängig wir von den Bedingungen sind, die uns das ermöglichen. Ebenfalls weitgehend blind sind wir für den Preis, den wir für unseren Basiskomfort und für die Tatsache bezahlen, dass dieser vor allem auf Kosten der Natur geht – also auf Kosten dessen, was unser aller Leben überhaupt erst möglich macht. Ohne die unterste Bedürfnisebene der Pyramide würde das ganze Konstrukt einstürzen.

»Kultur ist immer nur 24 Stunden und zwei Mahlzeiten von der Barbarei entfernt«,[13] brachte der britische Science-Fiction-Autor Neil Gaiman diesen Zusammenhang auf den Punkt.

Hinzu kommt, dass wir die Bedürfnisse nach Sicherheit, Stabilität und sozialer Akzeptanz in unserer westlichen Kultur meist auf materielle Weise befriedigen. Die immateriellen Möglichkeiten zur Bedürfnisbefriedigung geraten so immer mehr in Vergessenheit, und die geistige Verarmung in unserer Gesellschaft greift immer mehr um sich.

Tag für Tag rennen wir dem Geld hinterher, neuen Gadgets, der neuesten Mode, wir wollen ein größeres Auto, eine Beförderung, einen höheren sozialen Status oder mehr Anerkennung. Diese oberen Stufen der Bedürfnispyramide, die Luxusbedürfnisse, können wir nur hegen, wenn die Befriedigung der wirklich entscheidenden Grundbedürfnisse gewährleistet ist. Unser gesamtes heutiges Leben wäre ohne dieses Fundament vollkommen bedeutungslos, ja unmöglich.

Ein Wirtschaftsmodell, das ausschließlich auf kurzfristigen Profit ausgerichtet ist, selbst durch Inkaufnahme, dass die primären Bedingungen der Existenz *»in the process«* zerstört werden, ist vollkommen irrational, ja sogar suizidal – sowohl in materieller als auch in geistiger Hinsicht. Trotzdem halten wir an diesem Modell fest und kümmern uns weiter nur um die Bedürfnisse, die in der Pyramide weiter oben rangieren, und um die materielle Befriedigung dieser Bedürfnisse.

Das hat etwas Tragisches: Je besser unsere Basisbedürfnisse befriedigt sind, desto stärker wird unsere Blindheit für das geschlossene System, das uns auf wahrhaft grundlegende Art das Überleben sichert: die Erde.

Um zu vermeiden, dass wir physisch an die Grenzen des geschlossenen Systems stoßen, müssen und können wir unsere geistigen Fähigkeiten einsetzen. Wir haben die Macht und Freiheit, zu entscheiden, worauf wir unsere Aufmerksamkeit richten und wodurch wir unsere endliche, materielle Welt gestalten wollen. Doch solange wir die Einsicht, in einem geschlossenen System zu leben, nicht zu einem selbstverständlichen Element unseres Bewusstseins machen, werden wir niemals unser Vermögen, die endliche, materielle Welt selbst zu gestalten, auf eine Änderung der Verhältnisse richten und unsere geistigen Ressourcen dazu verwenden, die rasante Odyssee auf die Grenzen des Systems aufzuhalten und umzuleiten.

Wir haben keine andere Wahl. Innerhalb eines geschlossenen Systems ist kein »Wiederaufbau« möglich: Ist die Grenze einmal erreicht, gibt es keinen Weg zurück. Verbraucht ist verbraucht.

5.

DAUERHAFTE ZEITLICHKEIT ODER: WIE KOMMEN BEDÜRFNISSE UND FOLGEN INS GLEICHGEWICHT?

»Der Mensch ist ein Teil des Ganzen,
das wir Universum nennen,
ein in Raum und Zeit begrenzter Teil.«
Albert Einstein

Das alte Ägypten von vor 5.000 Jahren war geprägt von wirtschaftlichem Fortschritt und politischer Stabilität. Ein Pharao besaß eine außergewöhnliche gesellschaftliche Position: Er war ein Gott in Menschengestalt. Diese Rolle bekleidete er nicht nur zu Lebzeiten, sondern auch weit über den Tod hinaus, weshalb die Vorbereitung des fürstlichen Grabs eine äußerst wichtige Aufgabe war, die bereits zu Lebzeiten des Königs begonnen wurde.

Die alten Ägypter glaubten an ein Weiterleben des Königs im Jenseits. Deshalb wurde dem Leichnam viel Aufmerksamkeit zuteil: Man balsamierte ihn ein, mumifizierte ihn und begrub ihn schließlich mit allem, was ein Pharao für die Überfahrt und das Leben im Jenseits benötigt: Schmuck, Nahrungsmittel und sogar Möbel.

Anfangs wurden die ägyptischen Könige in gewaltigen Grabdenkmälern beigesetzt, die aus Stein gehauen und mit einem rechteckigen Überbau bedeckt wurden. Diese »Mastabas« (arabisch für Steinbank) waren Vorläufer der Pyramiden, wie wir sie heute kennen. Die erste Pyramide wurde um 2630 vor Christus für einen Pharao namens Djoser errichtet. Sein Grab war zunächst eine normale Mastaba, entwickelte sich aber mit der Zeit zu einem ehrgeizigen Projekt: Sein Grab sollte zum physischen Symbol für die Ewigkeit des königlichen Lebens werden. Mit der Aufgabe betraute man den Architekten Imhotep, der auch Heiler und Priester war.

Zu Djosers fast zwanzigjähriger Regierungszeit entstand in Sakkara am westlichen Nilufer, etwa zwanzig Kilometer südlich von Kairo ein Bauwerk aus sechs Steinstufen. Es hatte eine Gesamthöhe von 62 Metern, das entspricht heute einem etwa zwanzigstöckigen Hochhaus, war die erste Stufenpyramide der Welt und das zur damaligen Zeit höchste je errichtete Gebäude.

Die Bestattung in einer Pyramide war für viele ägyptische Könige von da an Standard – und mit der Zeit wurden die Pyramiden immer größer und eindrucksvoller. Bis heute sind diese steinernen Zeugnisse der großen ägyptischen Herrscher zu bewundern. Täglich werden Busse voller Touristen zu den Pyramiden gefahren. Noch Tausende von Jahren nach dem Untergang des einst mächtigen Pharaonenreichs gibt es irgendwo in Kairo fleißige Beamte, die über komplizierte Fragen des Denkmalschutzes, der Modernisierung oder der Erhaltung dieser Bauwerke grübeln und sich also mit den materiellen Folgen der antiken Lebens- und Wertvorstellungen beschäftigen.

Das Dasein ist zeitlich, die Folgen dauerhaft

Das Beispiel der Pyramiden illustriert, wie groß die Kluft zwischen der Kürze des Daseins und der Folgedauer von Handlungen sein kann. Das Leben von Pharao Djoser währte nicht länger als unseres, im Gegenteil, die Wahrscheinlichkeit ist groß, dass er ein vergleichsweise kurzes Leben hatte, denn die Menschen des Altertums – auch die Halbgötter – wurden meist nicht älter als vierzig Jahre.

Trotzdem sind wir bis heute mit den Folgen einer Entscheidung konfrontiert, die ein Pharao vor beinahe fünftausend Jahren fällte und deren Auswirkungen bis in die Gegenwart reichen – und die sicher noch weit in die Zukunft reichen werden.

Auch unser Dasein ist zeitlich begrenzt, aber mit unserem Handeln lösen wir »Kettenreaktionen« von Ursache und Wirkung aus, deren Folgen noch wirksam sein werden, wenn es uns längst nicht mehr gibt.

Wir alle werden das »Raumschiff Erde« irgendwann verlassen; Ausnahmen werden nicht gemacht. Unser Aufenthalt auf Erden dauert zwar immer länger, am unerbittlichen Ende hat sich bis jetzt allerdings nichts geändert. Doch nicht nur *unser* Dasein – *alles* Dasein ist endlich: Sei es das Dasein der Laptops, auf denen dieses Buch hier geschrieben wird, der Stühle, auf denen wir sitzen, oder der Gebäude, die uns vor Hitze oder Kälte, Regen oder Wind schützen.

Alles ist zeitlich. Zeitlichkeit ist eine wesentliche Eigenschaft des Daseins. Nichts, was existiert, existiert ewig. Und ähnlich wie die Endlichkeit der physischen Ressourcen von den Grenzen des Systems Erde bestimmt werden, ist Zeitlichkeit dem Dasein als Systemgrenze inhärent.

Dieser Zeitlichkeit sind wir uns alle durchaus bewusst – und damit auch der Zeitlichkeit unserer Bedürfnisse. Trotzdem gestalten wir weder unser ökonomisches System entsprechend noch unser Dasein. Im Gegenteil. Man betrachte nur all die weggeworfenen Handys, Laptops, Tablets und Fernseher: Keiner dieser Apparate ist so hergestellt, dass man die verwendeten Materialien einfach wiedergewinnen könnte.

Laut einer Studie von McKinsey haben unsere Güter schon nach einem einzigen Nutzungszyklus bereits 95 Prozent ihres Rohstoffwertes eingebüßt.[1]

Momentan versorgt sich die Industrie in Deutschland nur zu 14 Prozent mit recycelten Rohstoffen. Würden alle werthaltigen Rohstoffe recycelt, könnte Deutschland neunzig Milliarden Euro pro Jahr an Rohstoffimporten einsparen, schätzt der Bundesverband der Deutschen Entsorgungs-, Wasser- und Rohstoffwirtschaft (BDE).[2]

Die bereits erwähnte Studie der United Nations University ergab, dass der Gesamtwert allen Elektroschrotts im Jahre 2016 weltweit 55 Milliarden Euro betrug. Nach Schätzungen der UNU werden nur 20 Prozent dieses Mülls recycelt.[3]

Alles ist demnach ausgerichtet auf einen einzigen, in vielen Fällen immer kürzer werdenden Nutzungszyklus. Dabei wissen wir es besser: Wir sind fähig, anders zu handeln. Es gibt genügend Situationen, bei denen wir berücksichtigen, dass Dinge nur eine begrenzte Zeit benötigt werden. Zeitlichkeit ist dabei ein zentrales Thema. Je mehr wir der Tatsache bewusst sind, dass gewisse Bedürfnisse nur vorübergehend bestehen, desto präziser überlegen wir uns, wie sie gestillt werden sollten. Wir kalkulieren, ob die Konsequenzen, die sich aus der Stillung des Bedürfnisses ergeben, der Zeitlichkeit der Bedürfnisse auch angemessen sind.

Zum Zelten beispielsweise nehmen wir weder das bleischwere Sofa mit noch den Kaffeevollautomaten oder das vollständige 36-teilige Geschirrservice. Weil es unpraktisch wäre: Der dauerhafte Charakter (schwer und ortsgebunden) dieser Dinge lässt sich mit der Zeitlichkeit der Bedürfnisse, die wir während eines Urlaubs hegen, nicht vereinbaren. Wir nehmen also nur eine wohlüberlegte Menge an Gegenständen mit: drei Hosen, zwei Pullis und fünf Hemden, genug Unterhosen für eine Woche, Waschmittel für zweimal Waschen, ein schnell auf- und abzubauendes Zelt, Klappstühle und genau dosierte Portionen Shampoo und Duschgel für drei Wochen.

Kurz: Wir passen unsere Entscheidungen und unser Verhalten der überschaubaren Zeitlichkeit unserer Bedürfnisse an. Die Folgen unserer Entscheidungen, was wir mitnehmen und was nicht, tragen wir selbst. Handeln und Konsequenzen des Handelns sind zeitlich eng miteinander verbunden.

Eines allerdings hat sich in den letzten Jahren geändert: Früher überlegte man meist lange, welche Bücher man mit in den Urlaub nehmen wollte. Ein Bücherstapel an einem Urlaubsort, wo die eigene Sprache nicht gesprochen wird, ist ebenfalls ein geschlossenes System: Es kann nichts hinzukommen. Heutzutage nehmen wir das E-Book oder das Tablet mit, wodurch uns fast jedes erwünschte Buch zur Verfügung steht.

Was können wir aus der Camping-Erfahrung lernen? Nun, es gibt zwei Methoden, die Grenzen eines geschlossenen Systems zu erweitern:

1. Man überlegt von vorneherein, wie lange man etwas benötigt, man denkt voraus – und handelt danach.
2. Man wandelt etwas Physisches (und damit Endliches) mithilfe von Energie, Daten und Intelligenz in etwas Immaterielles (und dadurch unendlich Verfügbares) um.

Durch beide Methoden wird verhindert, dass endliche, materielle Ressourcen verloren gehen, stattdessen stehen sie dauerhaft zur Verfügung.

Zeitliche Bedürfnisse – klar begrenzt, veränderlich, unvorhersehbar

Um die Zeitlichkeit der Bedürfnisse richtig beurteilen zu können, muss man wissen, dass es unterschiedliche Arten von Bedürfnissen gibt.

Zunächst gibt es Bedürfnisse, die nur während eines begrenzten Zeitraums bestehen: ein dreiwöchiger Campingurlaub, ein viertägiger Jahrmarkt, ein Nachmittagspicknick im Park. Bei dieser Form der überschaubaren Zeitlichkeit trifft man seine Vorkehrungen gemäß dem zeitlichen Rahmen.

Eine andere Form der zeitlichen Bedürfnisse wird bedingt durch eine sich verändernde Zeitlichkeit: Diese Bedürfnisse bestehen ebenfalls nur für eine vorübergehende Zeit, verändern sich aber währenddessen.

Ein Kinderfahrrad zum Beispiel: Zunächst fährt das Kind ein Dreirad, wechselt dann auf ein etwas größeres Rad mit Stützrädern, lässt als Nächstes die Stützräder weg und fährt dann ein größeres Modell. Es besteht im Grunde die ganze Zeit das gleiche Bedürfnis, nämlich Mobilität. Doch weil das Kind wächst und sich verändert, ändern sich die Voraussetzungen dafür.

Diese zweite Art des Bedürfnisses, das einer veränderlichen Zeitlichkeit unterliegt, ist ebenfalls gegeben, wenn sich der Kontext des Produkts verändert – durch Innovationen zum Beispiel oder durch Marketingstrategien. Dann ändern sich fortwährend die Mittel, mit deren Hilfe das bestehende Bedürfnis befriedigt wird.

Nehmen wir das Smartphone. Das Basisbedürfnis bleibt immer dasselbe, nämlich Kommunikation; doch die neuen Bedürfnisse unterscheiden sich von den vorigen in kleinen Details: eine präzisere Kamera, ein leistungsfähigerer Akku, ein höher auflösender Bildschirm. Dasselbe gilt für Kleidung, das Grundbedürfnis bleibt immer dasselbe, aber die Geschäftsmodelle »Designed to Be Outdated« und »Designed to Be Outfashioned« verkürzen die Zeitlichkeit der zugrunde liegenden Bedürfnisse manipulativ.

Die Zyklen von Innovation und Mode beeinflussen das Verhältnis von dem Produkt und dem, wofür es steht, so sehr, dass es stark der Zeitlichkeit unterworfen ist. Das gilt auch für das Bedürfnis nach einem bestimmten Produkt, selbst wenn das Grundbedürfnis längerfristig besteht.

Die dritte und letzte Form der zeitlichen Bedürfnisse (und die häufigste) ist die, bei der wir uns der Zeitlichkeit bewusst sind, jedoch nicht wissen, wann sie enden wird. Das heißt, wir wissen nicht, wie lange wir das Bedürfnis hegen werden.

Beispielsweise sind wir uns alle der Tatsache bewusst, dass das Leben endlich ist. Wir wissen deswegen, dass wir alles, was wir für unseren Lebensunterhalt brauchen – Haus, Kleidung, Küchengeräte –, eines Tages nicht mehr benötigen. Wir wissen auch, dass das Unternehmen, für das wir gerade einen prachtvollen neuen Firmensitz bauen, eines Tages nicht mehr existieren wird oder sich so reorganisiert, dass es entweder ein kleineres oder ein größeres Gebäude benötigt. Aber in keinem Fall wissen wir, wann das Ende der Zeitlichkeit eintritt. Die Zeitlichkeit ist unvorhersehbar.

Die notwendige Entdeckung der »Mobilie«

Was wäre nun, wenn wir während unseres Urlaubs in Südfrankreich nicht in einem Zelt wohnen würden, das wir einfach einpacken und wieder mitnehmen, sondern wir jedes Mal ein kleines Haus errichten würden? Nach der Abreise würde das Haus langsam verfallen, die darin verbauten Materialien würden wahrscheinlich für immer verloren gehen, und der Zeltplatzbetreiber wäre mit einer Ruine auf seinem Gelände konfrontiert. Es ist offensichtlich, wie unpraktisch, unverantwortlich und unsinnig das wäre. Trotzdem handeln wir so, und zwar in riesigem Maßstab!

Wir sollten damit aufhören, unsere verfügbaren endlichen Ressourcen zu nutzen, ohne uns zu überlegen, wie wir, im übertragenen Sinne, unsere Zelte wieder abbrechen, damit die Materialien nach unserer »Abreise« eben nicht verloren gehen, sondern für immer wiederverwertet werden können.

Nehmen wir einen Schausteller auf dem Jahrmarkt: Er weiß, dass er nach wenigen Tagen seine Fahrgeschäfte und Geräte wieder abbauen muss, um sie woanders erneut aufzubauen. Jedes Konstruktionsdetail seiner Attraktionen ist mit Hinsicht auf diesen zeitlich begrenzten Einsatz bewusst so entworfen und gestaltet, dass es immer wieder neu eingesetzt werden kann, ohne verloren zu gehen. Ein wirtschaftlicher Betrieb wäre sonst in diesem Kontext nicht möglich. Er kann ja nicht alle paar Tage neue Ersatzteile kaufen. Ein

Schausteller verdient also sein Geld nicht mit Im-Mobilien, sondern mit Mobilien.

In einem Kontext, in dem die Daseinsform zeitlich begrenzt ist, sollte es eigentlich keine Immobilien geben, sondern nur Mobilien. Mehr noch: Eigentlich kann es eine »Immobilie« prinzipiell gar nicht geben. Der Begriff ist ein Paradox. Alle Gebäude sind der Zeitlichkeit unterworfen, auch wenn manche sehr lange stehen – wie die ägyptischen Pyramiden – und manche extrem kurz – wie unser Zelt auf dem Campingplatz. Da jede Form des Daseins zeitlich ist, wird auch ein Gebäude irgendwann nicht mehr existieren. Es ist also nicht im-mobil, sondern in Wahrheit doch mobil und verschwindet früher oder später bis auf wenige Ausnahmen von der Erdoberfläche. Das ganze Leben ist ein großer Jahrmarkt, doch wir wissen nicht, wie lange dieser dauern wird. Gerade deshalb sollten wir dieser Einsicht gemäß handeln.

Während wir dies schreiben, markiert das Word-Rechtschreibprogramm das Wort »Mobilie« mit einer roten Kringellinie, weil es ihm unbekannt ist. Das ist nicht verwunderlich, denn es geht hier um eine völlig neue Art des Denkens. Neues Denken braucht neue Begriffe. Schließlich kommt Begriff von Begreifen. Neues Denken führt zu einem neuen Begreifen und damit notwendigerweise zu neuen Begriffen.

Unsere Vision lautet: Künftig soll nichts mehr produziert werden, ohne präzise vorauszudenken, was mit dem Produkt, den Komponenten und den Materialien in Zukunft geschehen soll. Kein Gebäude soll geplant und errichtet werden, dessen Baumaterialien nicht gezielt wiederverwertbar sind. Alles wird als Mobilie entworfen und gestaltet.

Wenn wir unsere Wirtschaft so organisieren, dass wir sowohl die verschiedenen Zeitlichkeiten unserer Bedürfnisse berücksichtigen als auch die Tatsache, dass unser Handeln bleibende Folgen hat, können wir die anfangs endlich erscheinenden Ressourcen unseres geschlossenen Systems unendlich verfügbar halten. Doch mit welcher Denkweise lässt sich das erreichen? Mit Voraus-Denken statt mit Nach-Denken!

Früher sah die Zukunft anders aus – und morgen?

Bei unserer Linearwirtschaft werfen wir kostbare, seltene Materialien achselzuckend in den Müll, obwohl wir genau wissen, dass sie dadurch auf Nimmerwiedersehen verschwinden. Für uns zählt ausschließlich die direkte Befriedigung der zeitlichen Bedürfnisse. Das widerspricht eklatant der Langfristigkeit der Folgen, die unser Handeln hat.

Früher sah die Zukunft ganz anders aus. Kaum einer hat vor zwanzig Jahren annähernd richtig vorausgesagt, wie die Welt im Jahr 2018 aussieht oder was uns zu diesem Zeitpunkt beschäftigt. Kurz vor der Jahrtausendwende war man sich über den Nutzen oder besser die Nutzlosigkeit eines Mobiltelefons ziemlich einig. Nur wenige Menschen hielten die neue Technik für notwendig: »Ich habe zu Hause ein Festnetztelefon. Wozu brauche ich so ein Ding?« Heute blickt der Benutzer eines Smartphones nach Untersuchungen der Wirtschaftsprüfungsgesellschaft Deloitte durchschnittlich 75-mal pro Tag auf sein Mobiltelefon.

Ende des Jahres 2017 gab es in Deutschland rund 135 Millionen Mobilfunkanschlüsse, also mehr als Einwohner. Über achtzig Prozent benutzen ein Smartphone. Weltweit gibt es etwa genauso viele aktive SIM-Karten wie Menschen, nämlich rund 7,5 Milliarden. Wir können uns eine Welt ohne Smartphone nicht mehr vorstellen.

Und wie geht es weiter?

Ausgerechnet Telekom-Technologievorstand Claudia Nemat prophezeit im Februar 2018 im *FAZ*-Interview den Niedergang der Smartphones: »Nicht morgen, aber vielleicht in zehn Jahren. Das Handy wird in vielen Bereichen ersetzt, davon bin ich überzeugt.

Wo Sie heute in einem Gespräch den Google-Übersetzer auf Ihrem Smartphone nutzen, werden Sie bald einfach einen Ohrstöpsel nehmen, der Ihnen eine Simultanübersetzung ins Ohr flüstert. Wir werden unser Leben definitiv nicht mehr so an den Bedingungen des Smartphones ausrichten, wie wir es momentan tun.«[4]

Wer nicht weiß, wie die Zukunft aussieht, kann nur eines tun: sich alle Optionen offenhalten. Das heißt, wir müssen unser Handeln auf die Einsicht stützen, dass die Bedürfnisse, die die Grundlage für das Handeln bilden, von zeitlich begrenzter Dauer sind. Stets sollten wir davon ausgehen, dass jede Option ein Ende haben wird, selbst wenn – oder gerade weil – wir nicht genau wissen, wann dieses Ende eintrifft. In einem geschlossenen System müssen wir also unsere Optionen so gestalten, dass wir, wenn wir am Ende des »Haltbarkeitsdatums« angekommen sind, alles, was wir anfangs benötigten, unversehrt zurückerhalten, damit es uns in Zukunft wieder für neue Optionen zur Verfügung steht: gewissermaßen eine »Option mit Zukunft«!

Mit der heute immer wieder gewählten »Option ohne Zukunft« besteht leider die große Gefahr, dass wir unsere Bedürfnisse in Zukunft nicht mehr befriedigen können, weil die Materialien dafür schlichtweg nicht mehr vorhanden sind. Und nicht nur *unsere* Bedürfnisse, sondern auch die *aller folgenden* Generationen, da wir nicht wissen, wie deren Bedürfnisse aussehen werden.

Unsere Situation ist zu vergleichen mit einer Reise, von der wir wissen, dass sie zeitlich begrenzt ist, doch deren Dauer und Verlauf wir nicht kennen. Wenn wir auch nur einen Moment innehalten und darüber nachdenken, ist klar, dass wir ganz schnell ein System entwickeln müssen, das ausschließlich auf der »Option mit Zukunft« basiert. Alles andere ist ignorant!

Im Handeln des Menschen spiegelt sich sein Wissen um die Grundbedingungen des Daseins wider – nicht umsonst sprechen wir von einem »Bewusst-Sein«. Das Bewusstsein der Ägypter reichte bis ins Jenseits und bis heute existieren die steinernen Zeugnisse für dieses Bewusstsein. Es gibt Indianerstämme, die bei allem, was sie tun, berücksichtigen, dass ihr Handeln sich auf sieben (!) nachfolgende Generationen auswirken wird. Ein solches Bewusstsein führt zu einem harmonischen Zusammenleben mit der Natur, bei dem die verfügbaren Ressourcen nie versiegen.

Unser linearwirtschaftliches Handeln offenbart dagegen eher einen eklatanten Mangel eines solchen Bewusst-Seins. Wir nehmen keinerlei Rücksicht auf die Endlichkeit unserer Ressourcen, kalkulieren die Zeitlichkeit unseres Daseins nicht mit ein. Doch die Auswirkungen dieser inzwischen weitverbreiteten Linearwirtschaft sind inzwischen so global, dass wir uns diesen Mangel an Bewusst-Sein nicht länger erlauben dürfen.

Es erfordert Mut, Erfahrung und vielleicht so etwas wie Weisheit, sich der Erkenntnis zu stellen, dass wir auf Erden nur eine zeitlich begrenzte »Reise« absolvieren. Danach können wir unser Handeln dieser Erkenntnis anpassen. Tun wir dies nicht, wird sich nichts ändern – und wir zerstören die Existenzgrundlagen nicht nur unserer, sondern auch aller folgenden Generationen.

Machen wir uns diese Zeitlichkeit zu einem erlebten Wissen, können wir uns optimal auf diese »Reise« vorbereiten. Dabei müssen wir uns stets vergegenwärtigen, dass wir nicht genau wissen, wie lange wir wegbleiben werden und was wir unterwegs vielleicht brauchen. Am besten sorgen wir dafür, dass wir alles Nötige ständig zur Verfügung haben.

Ein sich darauf gründendes neues Wirtschaftssystem würde mit einem Schlag zwei Grundbedingungen unserer Existenz berücksichtigen: die Zeitlichkeit als Systemgrenze des Daseins und die physische Endlichkeit als Systemgrenze des geschlossenen Systems Erde.

Der Anfang aller Weisheit liegt darin, zu erkennen, wie beschränkt die eigene Perspektive ist. »Ich weiß, dass ich intelligent bin, weil ich weiß, dass ich nichts weiß«, sagte Sokrates vor 2.500 Jahren. Im übertragenen Sinne und auf unsere heutige Situation angewandt, könnte man sagen: »Ich weiß, dass ich der Zukunft Rechnung tragen muss, weil ich mir bewusst bin, dass ich sie nicht kenne.«

Von der »Raubbau-« zur »Erntegesellschaft«

»Die Produkte von heute müssen die Rohstoffe von morgen werden – zu den Preisen von gestern«,[5] so lautet eine bekannte Devise des Schweizer Architekten und Gründer des Genfer »Instituts für Produktdauer-Forschung« (*Product-Life Institute*) Walter Stahel, geistiger Vater und Begründer der zirkulären Wirtschaft: Er verwendet allerdings lieber den Namen »Performance Economy«. In seinem 1976 veröffentlichten Report für die EU-Kommission »Potentiale, um Energie durch Arbeitskraft zu ersetzen« skizzierte er, wie durch ein System von Produktlebensdauerverlängerung durch Reparaturen und dem Verkauf von Produkten als Dienstleistung, Arbeitsplätze geschaffen und ökonomische Werte erhalten werden und entwickelte damit die Grundzüge der Circular Economy.

Das Denken von Walter Stahel hat konkrete Konsequenzen: Wir müssen die Produkte vom Fernseher bis zum Apartmentgebäude so gestalten, dass sie nicht nur Produkte sind, sondern auch so etwas wie ein »Materialien-Depot«. Wenn sich irgendwann unsere Bedürfnisse ändern, können wir die darin verwendeten Materialien erneut einsetzen, um Produkte zu schaffen, die diesen veränderten Bedürfnissen genügen.

Bei einem Besuch in Genf im Frühjahr 2018 erzählte Walter Stahel uns von seiner Arbeit und von seiner Vision eines neuen Wirtschaftsmodells. Besonderen Nachdruck legte er in unserem Gespräch auf die Tatsache, dass sich die Circular Economy entwickeln müsse. Das bedeutet, dass Material also nicht nur innerhalb eines Unternehmens, sondern auch zwischen Unternehmen zirkulieren müsse, da nur so der Erhalt von Rohstoffen langfristig gesichert werden könne.

Das wäre ein erster Schritt auf dem Weg von unserer »Raubbaugesellschaft« zu einer »Erntegesellschaft«, in der nichts mehr verloren geht. Unter Erntegesellschaft verstehen wir eine Gesellschaft, die nach den fundamentalen Prinzipien des Planeten organisiert ist und handelt. Ernten bedeutet, dass man sich den Gesetzen der Natur anpasst, dass man nur das verbrauchen kann, was man angebaut hat, und dass man für die Fruchtbarkeit seines Ackers in der Zukunft Sorge trägt. Es bedeutet auch, ein Bewusstsein zu haben von dem großen Ganzen, von dem man ein Teil ist, da einem sonst die Gesetzmäßigkeiten, denen man Rechnung tragen muss, verborgen bleiben.

Das ist das Gegenteil von dem Raubbau, den wir gegenwärtig auf Kosten von anderen Lebewesen und zukünftigen Generationen auf der Erde betreiben. Die Organisation Global Footprint Network errechnet jährlich den *»Earth Overshoot Day«*, den Erdüberlastungstag. Das ist der Tag, an dem die Menschheit die regenerierbaren Ressourcen verbraucht hat, die ihr für das gesamte Jahr zur Verfügung stehen. Laut der Umweltorganisation Germanwatch hat Deutschland 2018 diesen Tag bereits am 2. Mai erreicht. Wäre der Ressourcenverbrauch der Weltbevölkerung so groß wie in Deutschland, bräuchten wir drei Erden. Die Menschen hierzulande leben also ab dem Frühsommer auf Kosten kommender Generationen und der Menschen im globalen Süden, die deutlich weniger verbrauchen, aber stärker von den ökologischen Folgen betroffen sind. Wir müssen umdenken, wenn wir uns wieder innerhalb der Grenzen des Planeten bewegen wollen.

Das Prinzip, Material wiederzuverwenden, ist keineswegs neu – vor der Industrialisierung war dies völlig normal. Oft zum Verdruss der Archäologen, denn als Folge dieses Prinzips gingen viele alte Denkmäler verloren. Sie wurden abgetragen, um die Materialien für den Bau von Häusern oder neuen Heiligtümern zu verwenden. So wurden sogar bis in die jüngste Vergangenheit beispielsweise die obersten drei Schichten der Pyramiden abgetragen, um mit den Steinen andere Gebäude in Kairo und Umgebung zu errichten. Zunächst wurde der aufpolierte Kalksteinmantel der Pyramiden weiterverwertet, danach die weicheren Steine im Inneren. Manchmal wurden sie sogar zu Zement zermahlen.

Und die Zahl alter Schwerter in den Museen ist nur deswegen so überschaubar, weil die meisten Waffen irgendwann eingeschmolzen und zu etwas anderem, neuen Schwertern, zu Kanonen oder auch zu Pflugscharen verarbeitet wurden.

Der Unterschied zwischen den frühen Kulturen und unserer heutigen liegt darin, dass wir, bedingt durch den technischen Fortschritt, komplexe Produkte wie etwa Autos oder Elektrogeräte entwickelt haben, die nicht mehr in ihre Ausgangsmaterialien zurückgebaut, zurückgeführt oder zerlegt werden können. Mehr noch: Dadurch, dass Produkte heute oft nicht mehr reparierbar sein sollen, werden oft nur noch ganze Bauteile verbaut, die als Ganzes ausgetauscht werden müssen. Auch bei der Entwicklung von neuen Materialien entstehen oft komplexe chemische Verbindungen, die sich nicht rückgängig machen lassen. An einen Depotcharakter ist überhaupt nicht zu denken.

2008 hatte die Royal Geological Society in London offiziell anerkannt, dass sich die Erde in einem neuen geologischen Zeitalter befindet: dem Anthropozän, dem Menschenzeitalter, das durch den maßgeblichen Einfluss des Menschen auf die atmosphärischen, biologischen und geologischen Prozesse der Erde gekennzeichnet wird – Klimawandel, Umweltverschmutzung, Artensterben, Resourcenverschwendung und so weiter. Zukünftige Geologen werden die heutige, vom Menschen dominierte Zeit einst anhand der Reste von Materialien identifizieren können, die heute unsere Welt bestimmen: Aluminium, Plastik und Beton.[6]

Seit 2008 ist das Anthropozän also offiziell anerkannt, aber spätestens seit dem Bericht der Kommission Brundlandt mit dem Titel

»Our Common Future« 1986 oder dem Earth Summit in Rio 1992 ist das Thema in Politik und Gesellschaft bekannt und arbeiten zahlreiche Wissenschaftler an Modellen, die dem drohenden Materialmangel und den ökologischen Konsequenzen des Anthropozäns und seiner Linearwirtschaft entgegenwirken sollen.

Es würde zu weit führen, all diese Menschen und Initiativen an dieser Stelle entsprechend zu würdigen, jedoch wollen wir einige hervorheben, denen wir durch unsere Arbeit persönlich begegnen durften oder die uns besonders inspiriert haben.

Neben dem bereits erwähnten Walter Stahel gibt es noch andere zahlreiche Denkschulen als wichtige Wegbereiter der Zirkularwirtschaft. So beschäftigen sich der Chemiker Michael Braungart und der Architekt William McDonough schon seit Jahrzehnten mit der Frage, wie Produkte in Bezug auf Design und chemische Zusammenstellung produziert werden müssen, sodass ihre Rückführung in den Kreislauf tatsächlich möglich wird und ohne dass sie dabei Umwelt oder Menschen schaden. Dabei unterscheiden sie zwischen einem biologischen Kreislauf für biologisch abbaubare Stoffe und einem technischen Kreislauf, in dem Metalle oder Kunststoffe, die als Primärrohstoffe nur begrenzt zur Verfügung stehen, zirkulieren sollen – wobei die Maxime ist »Abfall ist Nahrung«. Ihren Ansatz nennen sie »Cradle to Cradle«. Laut diesem Ansatz ist es notwendig, dass Prozesse nicht ökoeffizient, sondern ökoeffektiv gestaltet werden. Michael Braungart erklärt das wie folgt: »Die Natur produziert seit Jahrmillionen völlig ineffizient, aber effektiv. Ein Kirschbaum bringt tausende Blüten und Früchte hervor, ohne die Umwelt zu belasten. Im Gegenteil: Sobald sie zu Boden fallen, werden sie zu Nährstoffen für Tiere, Pflanzen und Boden in der Umgebung.« Braungart warnt wiederholt davor, dass die Circular Economy nicht dazu führen dürfe, dass Stoffe, die schädlich für Mensch und Umwelt sind, in Stoffkreisläufen gehalten werden. In vielen Gesprächen haben wir uns mit Michael

Braungart über seinen Ansatz ausgetauscht, auch kritisch. Was uns an Cradle to Cradle besonders inspiriert, ist das sektorenübergreifende Netzwerk, das durch Cradle to Cradle geschaffen wurde. Michael Braungart hat Menschen und Unternehmen miteinander verknüpft, die oftmals gar nicht wussten, dass sie von diesem Austausch profitieren können. Da die Designprinzipien für nahezu jeden Sektor anwendbar und relevant sind, wird eine große Vielfalt an verschiedenen Akteuren aus völlig unterschiedlichen gesellschaftlichen Diszplinen durch Cradle to Cradle zusammengebracht. Er hat damit die Basis gelegt für ein Bewusstsein, dass die heutigen Probleme sehr komplex sind und dass jede eindimensionale Antwort a priori unzureichend ist. Nur ein sektorenübergreifendes Bewusstsein kann eine holistische Antwort finden.

Die amerikanische Naturwissenschaftlerin und Begründerin von »Biomimicry«, Janine Benyus, hat durch ihre Forschungsarbeit bahnbrechende Erkenntnisse über die Designprinzipien der Natur erarbeitet, um sie auf industrielle Prozesse anwendbar zu machen.

Das Wuppertal Institut für Klima, Umwelt und Energie in Deutschland, das 1991 unter Ernst Ulrich von Weizsäcker seine Arbeit aufnahm, erforscht Ressourcen-, Klima- und Energieherausforderungen in ihren Wechselwirkungen mit Wirtschaft und Gesellschaft. Von Weizsäckers Buch *Faktor 5* zeigt, wie wachsender Wohlstand von Ressourcenverbrauch entkoppelt werden kann.

Und doch erstaunt es jeden, der sich mit dem Thema ernsthaft beschäftigt, dass sich trotz aller hochkarätigen Bemühungen um Lösungen und trotz des immensen Wissensschatzes, der in den letzten Jahrzehnten aufgebaut wurde, das Bewusstsein von der Dringlichkeit einer fundamentalen Veränderung unseres Wirtschaftssystems nur sehr langsam in der Gesellschaft etabliert.

Leider wurde Nachhaltigkeit bisher als Gegenpol zu Wirtschaftlichkeit verstanden und oft auch so kommuniziert. Damit war das gesellschaftliche Feld gespalten: Unternehmen versus Umweltorganisationen, Wirtschaftsministerium versus Umweltministerium, Ökos versus Yuppies oder Yolos. Das Resultat: Stillstand oder nur sehr mühsam erkämpfter Fortschritt.

Erst in den letzten Jahren beginnt sich etwas zu ändern. Dies hat mit dem Begriff »Circular Economy« zu tun, wodurch auch Unternehmen beginnen, das enorme Potenzial eines nachhaltigen, ressourcenschonenden Wirtschaftsmodells zu erkennen. Gleichzeitig beginnt man vornehmlich in der Finanzbranche die Risiken zu sehen, die durch Ressourcenknappheit entstehen.

Dies ist vorrangig das Verdienst der britischen Seglerin und Aktivistin Ellen MacArthur. Ihre Foundation hatte erstmals 2012 durch McKinsey einen Report erstellen lassen, mit dem sie das enorme Potenzial der Circular Economy berechnen ließ und anhand von Fallstudien deren Machbarkeit belegte. Seitdem hat sie verschiedene große Allianzen von Unternehmen, Organisationen und wissenschaftlichen und staatlichen Institutionen zusammengebracht, die sich dem Verständnis und der Umsetzung des Themas widmen. Turntoo war eines der ersten Unternehmen, die Mitglied der Circular Economy 100 (CE100) der Ellen MacArthur Foundation waren.

Wir halten alle diese Modelle und Initiativen für unverzichtbare Bestandteile auf dem Weg zur Erntegesellschaft.

Nun stellt sich die Frage: Wie können wir die Befriedigung unserer überschaubaren, veränderlichen und unvorhersehbaren Bedürfnisse in dieser Welt ermöglichen, sodass wir die Vision der »Erntegesellschaft« verwirklichen können?

Das Ziel des Ressourcenerhalts ist trotz jahrzehntelanger Bemühungen noch immer nicht erreicht. Der Staat hat scheinbar zu wenig Handhabe, die Industrie dafür zu motivieren. Konsumenten werden zwar immer bewusster, und ihre Stimme wird auch zunehmend wahrgenommen. Ohne einen wirklich fundamentalen Bewusstseinswandel in der Industrie wird die Erntegesellschaft jedoch nicht erreicht werden.

Können wir die Bewahrung der Materialien in unserem geschlossenen System irgendwie mit den Eigeninteressen der Produzenten verbinden? Wäre es sogar möglich, dass die Produzenten selbst die Verantwortung für die Folgen ihrer Entscheidungen übernehmen? Denn dann läge es in ihrem Interesse, die heutige Raubbaugesellschaft durch eine Erntegesellschaft zu ersetzen. Das mag zwar utopisch klingen, ist es aber nicht. Dieses Szenario ist durchaus realisierbar.

Wie? Durch eine Änderung der »Spielregeln«.

6.

VOM EIGENTUM ZUM GEBRAUCH ODER: WELCHE SPIELREGELN BRAUCHT DIE WELT?

»Jedes Recht enthält eine Verantwortung,
jede Gelegenheit eine Aufgabe
und jeder Besitz eine Verpflichtung.«
John D. Rockefeller

Im Frühjahr 2010 beschlossen wir in unserem Architektenbüro RAU, unsere Büroeinrichtung neu zu gestalten. Wir hatten uns etwa zwanzig Jahre zuvor in einem ehemaligen Lagerhaus und Fährterminal namens »Loods 6« in Amsterdam angesiedelt. Das Gebäude war jahrzehntelang Teil der ehemaligen Schifffahrtsgesellschaft KNSM gewesen und Anfang der 1990er-Jahre nach langem Leerstand und Hausbesetzung durch Künstler vor dem Abriss gerettet und saniert worden. Wir waren eine der ersten Firmen gewesen, die sich damals hier auf der KNSM-Insel im östlichen Hafengebiet von Amsterdam niedergelassen hatten. Um uns herum entstand moderner Hochbau, und wir konnten beobachten, wie fast jedes Gebäude schon nach wenigen Jahren umgebaut oder renoviert wurde.

RAU-Architekten hatte sich von einem kleinen Drei-Personen-Büro zu einer mittelständischen Firma entwickelt, und nun, zwanzig Jahre nach unserem Erstbezug, war auch eine neue Einrichtung dringend nötig. Eins war sicher, wir wollten uns nicht mit organisierten Problemen belasten, mit falschen Geschäftsmodellen und mit Verantwortungen, um die wir nicht gebeten hatten. Weil wir vom Cradle-2-Cradle-Design-Konzept begeistert waren, entschieden wir uns, Unternehmen mit der Umgestaltung zu betrauen, die begonnen hatten, mit diesem Konzept zu arbeiten.

So kam es, dass wir uns an das in Amsterdam ansässige Weltunternehmen Philips mit der Bitte wandten, einen Beleuchtungsplan für uns auszuarbeiten. Am Tag bevor ein Mitarbeiter von Philips zu einem ersten Gespräch bei uns eintreffen sollte, traten wir vor die Türe unseres Büros. Auf der Straße lag ein Haufen ausrangierter Heizungskessel. Der trostlose Anblick dieser vierzig oder fünfzig überflüssig gewordenen Geräte war deprimierend. Wie kann es sein, fragten wir uns, dass wir jetzt schon länger hier sind, als diese Heizungskessel in Betrieb waren, obwohl auch das Gebäude erst nach unserem Einzug erbaut wurde? Und wie können wir vermeiden, dass dann, wenn wir ausziehen, genauso ein Berg verwaister Geräte zurückbleibt?

Der Gedanke ließ uns nicht mehr los. Am nächsten Tag klingelte Eric Heutinck, der Vertriebsleiter von Philips Lighting, an unserer Tür. Wir öffneten und baten ihn, die ausgesuchten Demo-Lampen im Auto zu lassen. Wir wollten ihm zuerst einen ungewöhnlichen Vorschlag unterbreiten.

»Schauen Sie«, erklärten wir ihm, »natürlich wollen wir hochwertige Leuchten in unserem Büro haben. Deshalb haben wir uns ja an Philips gewandt. Aber wir wollen diese Leuchten nicht besitzen, wir wollen eigentlich nur das Licht.«

Heutinck sah uns verständnislos an. Wir starteten einen zweiten Versuch: »Normalerweise würden Sie einfach viele schöne, neue Leuchten installieren, die unser Büro mit Licht versorgen. Philips schickt uns dann eine Rechnung und die Lampen gehören uns. Aber wir wollen etwas anderes. Wir interessieren uns nämlich nicht für das Produkt, sondern nur für dessen Leistung.«

Wir erklärten ihm, dass wir für unser Architektenbüro etwa 300 Lux Lichtleistung für ungefähr zweitausend Stunden pro Jahr benötigen.

»Wie Philips uns diese liefern will«, fuhren wir fort, »ist uns egal, solange Philips Eigentümer der Lampen bleibt und wir nur für das Licht zu bezahlen brauchen.« Dann brachten wir es auf den Punkt: »Wir möchten von Philips einen Service und kein Produkt erwerben, wir wollen Licht kaufen und keine Lampen – eine Performance und kein organisiertes Problem.«

Zunächst war Heutinck etwas verwirrt und sagte, dass er erst seinen Chef fragen müsse – er werde sich melden. Doch kaum eine halbe Stunde später rief er vom Auto aus an: »Herr Rau, ich weiß nicht, ob ich Ihren Plan ganz verstanden habe. Aber die Idee ist so interessant, dass es sich lohnt, ihr nachzugehen. Ich arbeite mal etwas aus, habe aber keine Ahnung, wo es hinführen wird – unter einer Bedingung: Sie sagen meinem Chef noch nichts davon!«

Einige Wochen später stand Heutinck mit einem Lichtspezialisten wieder vor unserer Tür. Sie legten uns einen Beleuchtungsplan vor, auf dem alle erforderlichen Leuchten mit der erwünschten Helligkeit aufgezeichnet waren. Wir dankten ihnen herzlich.

»Noch was«, sagten wir. »Die Stromrechnung geht natürlich auch auf Kosten von Philips. Ihre Lampen arbeiten nicht ohne Strom, so sind sie nun einmal entworfen. Aber wir haben nur Licht bei Ihnen bestellt und sonst nichts. Dass Sie für die Leuchten unbedingt Strom brauchen, ist Ihr Bier, würden Sie welche entwickeln, die mit Rot- oder Weißwein funktionieren, wäre uns das genauso recht.«

Heutinck wurde nervös. »Das ändert die Sache wiederum grundlegend für uns«, antwortete er und schlug nach einer kurzen Denkpause vor, dass er den Beleuchtungsplan ein weiteres Mal der Lichtdesignabteilung vorlegen wolle und dann mit einem neuen Plan zurückkehren wolle.

Wie war das Ergebnis? Man hatte bei Philips das Ganze nach den veränderten Vorgaben nochmals »durchgerechnet« und war dabei zu dem Schluss gekommen, dass gar nicht so viele Leuchten nötig seien wie ursprünglich angegeben. Doch nicht nur die Zahl der Leuchten hatte sich im neuen Plan geändert: Philips wartete außerdem mit einer Anzahl technischer Maßnahmen auf, die den Energieverbrauch der Lampen auf ein Minimum reduzierte. Das Ergebnis war auch innerhalb von Philips eine Sensation. RAU-Architekten war der erste Kunde, der Licht nicht als Produkt, sondern Licht als Service kaufte – inklusive Energiekosten und exklusive Materialkosten.

Mit grandiosem Effekt: Der Energieverbrauch sank um mehr als 44 Prozent!

Was einmal mehr beweist, dass die Steuerung der Energienachfrage maßgeblich in Händen der Produzenten liegt; der Konsument kann seinen Energieverbrauch nur in bescheidenem Maße optimieren. Würden wir dieses Konzept der Servicekultur konsequent durchsetzen, könnten wir unseren Gesamtenergieverbrauch direkt und ohne Investitionen radikal senken!

Weltpremiere: »Light as a Service«

Wir hatten die enorme Wirkung dieser neuen »Spielregeln« so zwar nicht vorausgesehen, dennoch kam das Ergebnis für uns nicht wirklich überraschend. Beim alten Geschäftsmodell hätten wir die Leuchten erwerben müssen. Je mehr Lampen Philips an uns verkauft hätte, desto mehr hätte das Unternehmen verdient. Letztendlich hätten wir auch noch die Beleuchtungskörper irgendwie entsorgen müssen, ohne zu wissen, welche Materialien sich in der Lampe befinden und wie man sie am besten verwertet.

Die neue Vereinbarung – eine monatliche Vergütung für eine Dienstleistung – stellte alles auf den Kopf: Philips verdiente jetzt mehr, je weniger Lampen das Unternehmen uns lieferte. Eric Heutinck hatte keine Ahnung, auf was er sich als Vertriebsleiter da eingelassen hatte. Er sah sich plötzlich mit Problemen konfrontiert, die bisher immer auf den Verbraucher übertragen worden waren, obwohl der eigentliche Verursacher davon der Hersteller Philips selbst war. Jetzt landeten die Probleme wie ein Bumerang mit unverminderter Kraft beim Unternehmen. Ursprünglich war das Unternehmen stets daran interessiert gewesen, die Brenndauer der Leuchtmittel so kurz wie möglich zu halten, jetzt lag es im Interesse des Konzerns, die Lampen so lange wie möglich funktionieren zu lassen. Weil wir mit dem Unternehmen vertraglich vereinbart hatten, dass es sowohl die Kosten für den Austausch ausgebrannter Leuchtmittel als auch für eine Reparatur der Leuchten zu tragen hatte, hingen in unserem Büro am Ende keine stromfressenden Halogen-, Neon- oder Glühlampen, sondern ein äußerst energiesparendes, innovatives und modular aufgebautes Lichtsystem mit LEDs.

Hätten wir dieses System kaufen müssen, hätten wir es uns nicht leisten können. Doch anstatt die Anschaffungskosten selbst zu tragen, zahlten wir ausschließlich für die genutzte Menge an Licht. Wir wünschten uns ein qualitativ hochwertiges Beleuchtungssystem, und Philips lieferte aus Kostengründen eines, das so lange wie möglich funktionierte. Damit erwiesen sich unsere Vereinbarungen als für beide Parteien segensreich. Und am Ende der Vertragslaufzeit konnte Philips seine Lichtprodukte wieder einsammeln und die zurückgewonnenen Bauteile und Rohmaterialien in neue Lichtanlagen integrieren. So wurden die Lampen zu einem Rohstofflager für das Unternehmen.

Auf diese Weise wurde im Sommer 2010 ein neues Geschäftsmodell geboren: »Pay per Lux« oder »Light as a Service« (LAAS). Der neue Ansatz überzeugte auch den damals neu angetretenen CEO von Philips Frans van Houten. Nachdem Erik Heutinck das Modell auf eigene Initiative mit uns entwickelt hatte, verkündete das Unternehmen 2012, man werde ab 2020 nur noch Licht und keine Lampen mehr verkaufen. Seither engagiert sich Royal Philips auch in anderen Geschäftsfeldern intensiv auf dem

Gebiet der Kreislaufwirtschaft. Ab 2020 will Royal Philips ein Fünftel seines Einkommens aus zirkulären Geschäftsmodellen generieren.

Das Service-Angebot für Licht wird inzwischen unter dem Namen »Circular Lighting« von Signify, vormals Philips Lighting weltweit vertrieben. Der Amsterdamer Flughafen Schiphol wurde 2015 der erste Großkunde für »Light as a Service«. Da Schiphol die Ambition hat, einer der nachhaltigsten Flughäfen der Welt zu sein, gelang es uns, Schiphol davon zu überzeugen, einen »Licht als Service«-Vertrag mit Philips abzuschließen und damit weitere Fortschritte auf dem Gebiet von Energie- und Materialeinsparungen zu realisieren. Seit 2016 bietet auch die deutsche Unternehmensgruppe *Zumtobel* unter dem Label »NOW« Licht als Service an.

Wir testeten unsere Service-Idee nicht nur bei Philips, sondern auch bei anderen Herstellerfirmen. Unter dem Motto »Practice what you preach« verwandelten sich die tausend Büroquadratmeter von RAU-Architekten in einen Versuchsbereich für das Konzept »Product as a Service«.

So schlossen wir auch mit der Teppichfabrik *Interface und Desso* Verträge über »Geh-Stunden« ab. Und ließen uns von dem Möbelfabrikanten Steelcase »Sitz- und Tischstunden« liefern.

Es dauerte eine Weile, bis die Unternehmen die Bedeutung des neuen Modells verstanden: Anfangs versuchten die Verhandlungspartner, uns eine Art »grün« aussehenden Leasingvertrag unterzuschieben. Doch so etwas wollten wir ja gerade nicht. Wir trafen mit allen Firmen dieselbe Vereinbarung: Wir zahlen die Nutzung und bei Vertragsende gehen Leuchten, Teppiche, Bürotische und Stühle an den Hersteller zurück.

Wir hatten einen Nerv getroffen! Das Produkt-als-Service-Konzept fiel auf fruchtbaren Boden.

Seit fast zwanzig Jahren versuchte RAU-Architekten, im Bausektor ein neues Bewusstsein dafür zu schaffen, dass unsere Wirtschaft langfristig nur überlebensfähig bleibt, wenn wir Verantwortung für unser Handeln übernehmen. Und auf einmal hielten wir den Schlüssel dafür in der Hand: ein neues Geschäftsmodell, mit dem der Hersteller die Verantwortung für sein Produkt behält und nur das Nutzungsrecht an den Kunden überträgt, und zwar so, dass sowohl Hersteller als auch Kunde davon profitieren.

Die Herstellerfirmen waren begeistert: Einige Unternehmen baten uns, gemeinsam mit ihnen das neue Modell auszuarbeiten, finanziell zu unterbauen und anschließend auf den Markt zu bringen. Da es hier um die Architektur eines neuen Wirtschaftssystems ging, waren wir der Ansicht, dass es Zeit für ein zweites, neues Architektenbüro sei: »Turntoo« war geboren!

Nutzen statt besitzen

Dass man ein Produkt benutzt, ohne dessen Eigentümer zu sein, ist nicht neu. Auf diese Weise nutzen wir schon lange ganz selbstverständlich Wohnungen, Firmengebäude, Autos, Fahrräder, Ferienwohnungen, Smokings oder Werkzeug. Zum einen, weil unser Bedarf zeitlich begrenzt ist, zum anderen, weil wir es uns nicht leisten können (oder wollen), das Erwünschte käuflich zu erwerben. Im Betriebsleben ist es bereits Usus, dass Unternehmen notwendige Gerätschaften, vom Kranwagen und Personenauto bis zum Drucker und PC, nicht kaufen, sondern mieten oder leasen.

Diese beiden Methoden berücksichtigen einen zeitlich begrenzten Bedarf. Der Verbraucher ist Nutzer, aber nicht Eigentümer des Produkts – genau wie beim Turntoo-Modell. Doch sie folgen dabei fundamental anderen Spielregeln. Beim Mieten oder Leasen bleibt das erwünschte Ergebnis »Müllvermeidung« aus, denn beide Methoden ändern nichts am Verhältnis zwischen Macht und Verantwortung:

Leasen ist lediglich ein Finanzierungsmodell. Es wurde nach dem Zweiten Weltkrieg erfunden und eingeführt, als die Menschen nur unzureichend über finanzielle Mittel für teure Produkte wie Autos verfügten, um den Konsum anzuregen. Inzwischen ist eine regelrechte Leasingkultur entstanden, bei der vielerlei finanzielle Angebote den Kunden zum Konsum verführen sollen.

Der große Unterschied zum Turntoo-Modell besteht darin, dass während der Laufzeit eines Leasingvertrags die Bank von Rechts wegen Eigentümer des Produkts ist und nicht der Produzent. Die Eigentumsverhältnisse verschieben sich somit vom Produzenten auf ein Finanzinstitut. Auch hierbei sind Macht und Verantwortung voneinander getrennt. Ein Finanzinstitut besitzt nämlich wie der Konsument nicht den geringsten Einfluss auf die Herstellungsweise eines Produkts. Der Konsument bleibt nach wie vor für die Entsorgung verantwortlich. Und außerdem ist die Laufzeit von Leasingverträgen gemeinhin auf nur wenige Jahre begrenzt – auf die Zeitspanne nämlich, in welcher das Leasingunternehmen keine Reparaturen für das Produkt oder Fahrzeug zu erwarten hat.

Somit ändern auch die Spielregeln des Leasings die Linearwirtschaft nicht grundlegend, sondern verstärken deren negative Auswirkungen sogar noch, weil sie den Menschen dazu stimulieren, so viel wie möglich oder auf jeden Fall mehr als nötig zu konsumieren.

Auch Mieten unterscheidet sich vom Turntoo-Modell. Ein Mietvertrag wird in den meisten Fällen nicht zwischen dem Nutzer und einem Produzenten geschlossen, sondern mit jemandem, der das Produkt vom Hersteller erwirbt. Wir mieten ein Auto von der Firma *Sixt,* nicht von der Firma *BMW,* ebenso leihen wir uns gegen Gebühr eine Bohrmaschine im Baumarkt und nicht bei *Bosch* oder *Worx.* Wollen wir als Touristen einen Tag lang Amsterdam mit dem Fahrrad erkunden, gehen wir zum örtlichen Fahrradverleih und nicht zum Fahrradhersteller.

Mit anderen Worten: Auch innerhalb eines Mietvertrags sind Macht und Verantwortung weit voneinander geschieden. Immerhin ist es das Anliegen eines Vermietungsunternehmens, solide, langlebige und möglichst wartungsfreie Produkte zu kaufen. Doch nicht aus einem Verantwortungsgefühl heraus, sondern weil es das Geschäftsmodell erfordert. Auch dieses Qualitätsbewusstsein stellt nur eine Optimierung des linearwirtschaftlichen Modells dar.

Auch die Inanspruchnahme einer Dienstleistung ist nichts Neues. Wer mit öffentlichen Verkehrsmitteln unterwegs ist, tut genau das. Wer kauft schon ein Flugzeug, nur weil er nach New York will? Eine Zugfahrkarte oder ein Flugticket stellen einen kurzfristigen Servicevertrag dar, und die dafür erforderliche Energie, egal ob Strom oder Kerosin, ist im Preis inbegriffen, ohne dass sich jemand darüber Gedanken macht.

Wir leihen uns Bücher aus der Bibliothek, hören Musik über *Spotify* oder schauen uns Filme und Serien auf *Netflix* an – alles auf der Grundlage eines Abonnements oder eines Servicevertrags. Die Bedürfnisse, die mit diesen Dienstleistungen befriedigt werden, sind derart veränderlich, dass es sich nicht lohnt, in den Besitz der Produkte zu investieren.

Produkte, die früher selbstverständlich im Eigentum des Verbrauchers waren, werden heutzutage immer öfter als Dienstleistungen angeboten. Vor allem junge Menschen scheinen immer weniger Wert auf Eigentum zu legen – oft gezwungen durch den heutigen Arbeitsmarkt, der »flexibel« und dadurch auch unsicher ist. Das gesellschaftliche Leben verändert sich schneller denn je und wird immer häufiger auf Projektbasis organisiert, was dazu führt, dass immer mehr Menschen zwar Fahrspaß und Mobilität eines Autos oder den Wohnkomfort eines Hauses genießen wollen, sich aber nicht die permanente Sorge und Verantwortung dafür aufbürden wollen. Sie entscheiden sich lieber für Flexibilität, Freiheit und ein abwechslungsreiches Angebot.

Immer mehr Unternehmen stellen sich darauf ein: *Drivy* und *SnappCar* organisieren für den Verbraucher den Transport mit einem Auto, das ihnen gar nicht gehört, und *Airbnb* bucht für ihn die Wohnung oder das Apartment eines anderen. Ein solches Teilen von Produkten mithilfe dieser Dienste wird als »Sharing Economy« bezeichnet. Ungeachtet der Tatsache, dass dieses Geschäftsmodell potenziell einen wichtigen Beitrag für den effizienteren Einsatz unserer Mittel darstellt, verändert sich das Produkt selbst dadurch allerdings nicht, sondern nur die Art und Weise, wie es im Markt positioniert wird.

Doch auch das Versprechen der effizienteren Nutzung unserer Ressourcen ist durchaus nicht garantiert. So hat sich durch Airbnb zwar die Nachfrage nach Hotelzimmern verringert, die Auswirkungen auf den Immobilienmarkt sind jedoch verheerend. So schlug kürzlich der Mieterverein in Düsseldorf Alarm, dass die Wohnungsknappheit durch Airbnb noch verschärft werde; Palma de Mallorca verbietet ab Sommer 2018 die Vermietung privater Wohnungen, da die Mietpreise in den letzten fünf Jahren um fünfzig Prozent gestiegen waren. In Amsterdam beginnen Hotelketten selbst knappen Wohnraum aufzukaufen, um ihn über Airbnb zu vermieten. Die Ressourcenknappheit wird also eher verschärft. Und das gilt nicht nur für Wohnraum, dem Taxidienst *Uber* wird vorgeworfen, einen erheblichen Anteil an der Verstopfung von Städten wie London und New York zu haben. Anstatt die Zahl der Autos auf der Straße zu verringern, führte die Einführung des Dienstes zu mehr Angebot und also mehr Autos auf den Straßen.

Die gute Nachricht ist, dass das auf eine wachsende Nachfrage nach neuen Formen des Konsums hinweist; die schlechte, dass auch dadurch nur das bereits existierende lineare Wirtschaftsmodell optimiert wird. Der Aspekt, dass unsere Bedürfnisse vorhersehbar und veränderlich sind, wird hier zwar berücksichtigt, doch am grundlegenden Problem, dem diskrepanten Verhältnis zwischen Macht und

Verantwortung, ändert sich nichts. Was macht das Turntoo-Modell so anders?

Nix kaufen, leasen, mieten – das Turntoo-Modell

Beim Turntoo-Modell werden Macht und Verantwortung nicht länger dauerhaft voneinander getrennt, ja, nicht einmal vorübergehend. Der Hersteller bleibt durchgängig Eigentümer des Produkts und trägt somit die Folgen seines Handelns. Er ist für sein Produkt und für alle darin verarbeiteten Materialien verantwortlich inklusive aller zukünftigen Möglichkeiten und Probleme. Damit optimiert unser Konzept nicht lediglich das lineare System wie bisher, sondern transformiert es komplett.

Der Fortschritt des neuen Modells besteht darin, dass die Eigentumsverhältnisse jetzt dort liegen, wo das Produkt hergestellt wird, und somit auch die Verantwortung dafür übernommen werden kann. Macht und Verantwortung liegen nun in einer Hand. Mit anderen Worten: Eigentum verpflichtet! Diese Forderung ist sogar im deutschen Grundgesetz verankert: »Eigentum verpflichtet. Sein Gebrauch soll zugleich dem Wohle der Allgemeinheit dienen.« Eigentum zieht also Verantwortung nach sich.

Für den Hersteller bedeutet das: Er muss Verantwortung übernehmen – für die Gestaltung des Produkts, für die Materialien, aus denen es besteht, für die Funktionsweise und für die Wiederverwertung am Ende des Produktlebenszyklus. Bleibt der Produzent Eigentümer des Produkts und der Konsument bezahlt ihn nur für die ihm zeitlich begrenzt zur Verfügung gestellte Leistung, dann liegt die Verantwortung wieder an der richtigen Stelle – und das Interesse des Produzenten deckt sich mit dem Interesse der Allgemeinheit.

Bei der bisher üblichen Linearwirtschaft hat der Konsument als letzte Etappe der Wertschöpfungskette zwei Möglichkeiten: Entweder er gibt das Produkt an einen anderen Verbraucher weiter, oder er wirft es weg. Egal, für welche der beiden Möglichkeiten er sich entscheidet, im linearen Wirtschaftsmodell endet das Produkt immer als Müll. Der Unterschied liegt lediglich darin, wie lange das dauert.

Diese Kapitalvernichtung wird in der heutigen Linearwirtschaft billigend in Kauf genommen. Da die langfristigen Kosten und Risiken wie Ressourcenknappheit und Umweltverschmutzung keinen Teil der Gesamtrechnung ausmachen, ist alles so organisiert, dass am Ende der Wertschöpfungskette ein Müllberg entsteht.

Das ist auch beim Leasen und Mieten nicht anders. Ein funkelnagelneues Auto wird nach durchschnittlich fünf Miet- oder Lease-Jahren von einem Gebrauchtwagenhändler übernommen, weiterverkauft und nun wieder vom klassischen Konsumenten noch einige Jahre gefahren. Im Idealfall hat das Auto ein drittes Leben als osteuropäisches Taxi, bevor es in Afrika schließlich zu Schrott gefahren wird und dort, wenn überhaupt, auf einer Schrotthalde landet. Auch hier ist es nur eine Frage der Zeit.

Auch von der Verantwortung für die Folgekosten der Kapitalvernichtung ist der Produzent abgekoppelt – sie sind kollektiviert und gehen zulasten der Gesellschaft. Im neuen Modell dagegen werden diese Kosten »privatisiert«. Davon profitieren alle Beteiligten: die Umwelt, der Produzent und der Konsument. In der angestrebten »Erntegesellschaft« des Turntoo-Modells ist ein Produkt am Ende seines Lebenszyklus gebraucht, aber nicht verbraucht. Das bisherige Prinzip von »Take, Make and Waste« verwandelt sich in das Prinzip von »Make, Use and Harvest«.

Statt Müllberge ohne Ende gibt es nunmehr keine Müllberge und kein Ende. Wenn nämlich das Produkt nach der Benutzung zum Produzenten zurückkehrt, hat er als Eigentümer drei Möglichkeiten: Er kann das Produkt erneut als Dienstleistung anbieten. Er nimmt es auseinander und baut es zu einem oder mehreren anderen Produkten um. Oder er verkauft die Materialien und Komponenten, die er nun nicht mehr benötigt. Die vierte Möglichkeit – Müllberg – wird er nur wählen, wenn es wirklich keine Chance mehr gibt, irgendeines der Materialien noch zu nutzen.

Im Turntoo-Modell wird ein Hersteller das Produkt von vorneherein so entwickeln, dass es nach der Nutzungsphase leicht in den nächsten Zyklus integriert werden kann, entweder als ganzes Produkt, in seinen Einzelteilen oder in Form der Materialien. Es liegt im Interesse des Herstellers, so wenig wie möglich von den Materialien verloren gehen zu lassen, denn das käme einer Kapitalvernichtung gleich. Denn es ist ja fortwährend sein Eigentum, sein Geld, sein Kapital. Warum sollte er es entsorgen, solange er damit noch Geld verdienen kann?

Für uns Kunden stillen die Produkte nach wie vor und unverändert ein zeitlich begrenztes Bedürfnis. Doch für den Produzenten erfüllen Produkte künftig eine neuartige Doppelrolle: Zum einen sind sie Instrument für eine verkäufliche Dienstleistung, zum anderen dienen sie als variables Materialdepot.

Da der Hersteller beim neuen Prinzip auch für die Betriebskosten (Energie, Lagerhaltung, Reinigung und mögliche Reparaturkosten) während der gesamten Nutzungsdauer aufkommen muss, wird er versuchen, diese auf ein Minimum zu reduzieren.

Für den Hersteller wird das Produkt also zu einer Investition in eine weiter entfernte und ungewisse Zukunft. Er entscheidet sich für das, was wir oben eine »Option mit Zukunft« genannt haben. Es liegt nun in seinem Interesse, nicht nur ein qualitativ hochwertiges Produkt zu fertigen, sondern auch die Energie- und Unterhaltskosten auf ein Minimum zu reduzieren.

Im heutigen System, in welchem der Kunde ein Auto kauft, spielt es für einen Autohersteller nur eine mittelbare Rolle, wie viel Treibstoff der Wagen tatsächlich verbraucht und wie oft der Wagen zur Reparatur muss. Und auch ein Mietwagenverleih kann die Treibstoffkosten direkt an den Kunden weitergeben – vollgetankt ist

→ Schadstoffprod.

vollgetankt. Bei einem Unternehmen, das Autokilometer verkauft, sieht dies schon anders aus: Hier sind Treibstoff, Abnutzung und Reparaturen Teil der Gesamtrechnung. Je weniger Kosten das Auto hat, desto günstiger kann es angeboten werden oder desto höher ist die Gewinnmarge.

Großer Unterschied und zugleich eine erhebliche Umstellung im Geschäftsgebaren der Produzenten ist, dass ein solcher Dienstleistungsvertrag nicht mehr eine einmalige Transaktion darstellt. Während bei Unterzeichnung eines Kaufvertrags die Beziehung zwischen Produzent und Käufer abgeschlossen ist, beginnt beim Produkt als Service Modell mit dem Vertragsabschluss eine längerfristige Beziehung zwischen Hersteller und Nutzer.

Das hat Vor- und Nachteile. Anstelle von Vertriebsfeuerwerk und dann »nach mir die Sintflut« ist nun sorgfältige Akquise und permanente Kundenpflege notwendig. Das bedeutet dauerhafte Verantwortung, und das ist anstrengend. Der Vorteil: Durch den Nutzungsvertrag und permanent positiven Kundenkontakt entstehen eine langfristige Kundenbindung und ein kontinuierlicher Cashflow nicht nur, wenn es mal wieder in die Werkstatt geht.

Und last but not least kann ein Produzent, der mit diesem Modell arbeitet, indem er die Länge der Nutzungsdauer ebenfalls vertraglich regelt, sein Materiallager stets genau übersehen. Er wird zudem wesentlich unabhängiger von Zuliefererproblemen oder Unsicherheiten im Zusammenhang mit Preisschwankungen auf dem Weltmarkt, womit er letztlich auch sein Unternehmensrisiko reduziert.

Turntoo-Geschäftsmodell 1: Designed to Perform

Das Turntoo-Modell hat weitreichende Folgen für die drei in Kapitel 2 beschriebenen Geschäftsmodelle, die sich im letzten Jahrhundert parallel zum technischen Fortschritt herausgebildet haben.

Die Produzenten im Geschäftsmodell »Designed to Fail« manipulieren die Geräte, für die wir uns eigentlich eine lange Lebenszeit wünschen, egal ob Waschmaschine, Küchenmixer, Glühlampe oder Drucker. Sie werden innerhalb einer absehbaren Zeit funktionsunfähig, um die Verbraucher immer wieder zum Kauf neuer Produkte zu zwingen.

Beim Turntoo-Prinzip aber ist es das Ziel der Hersteller, dass ihr Produkt möglichst gut, möglichst leistungsfähig und möglichst lange funktioniert, außerdem sparsam im Energieverbrauch und im Unterhalt ist. Der Hersteller setzt jetzt alles daran, den Einsatz ein und desselben Produkts über einen möglichst langen Zeitraum zu gewährleisten. Nur dann verdient er Geld. Je länger, desto mehr.

Bleibt der Hersteller Eigentümer der Materialien, liegt es in seinem Interesse, das Produkt so zu gestalten, dass er es vollständig auseinanderbauen und die Einzelteile und Materialien weiterverwerten kann. Nach dem Ende der Serviceperiode bzw. der Nutzungsdauer erhält der Produzent keinen unverwertbaren Müll zurück, sondern ein Depot aus herauslösbaren Einzelteilen und Materialien, die in ihrer gegenwärtigen Form vielleicht nicht mehr funktionieren, dennoch als Einzelteile »geerntet« und zu neuen Produkten verarbeitet werden können. Produkte sind jetzt nicht mehr ein organisiertes Problem, sondern ein vom Produzenten selbst organisiertes Materialdepot. »Designed to Fail« verwandelt sich in »Designed to Perform«. Hieß es vorher noch: »Neu = gerade noch nicht kaputt«, so heißt es jetzt »Neu = noch lange nicht kaputt«!

Im Jahr 2012 bat die Amsterdamer Wohnungsbaugesellschaft »*Eigen Haard*« unser Turntoo-Büro um Unterstützung beim ehrgeizigen Unterfangen, den CO2-Ausstoß in den Sozialwohnungen zu reduzieren und den Mietern beim Energiesparen zu helfen.

Die Gesellschaft hatte festgestellt, dass immer mehr Mieter aufgrund enorm hoher Energierechnungen in Finanznöte gerieten. Sie bezahlten zwar die Energierechnungen, damit ihnen nicht das Gas, Wasser oder der Strom abgestellt würden, doch für die Miete reichte das Geld danach meist nicht mehr. Ein großes Problem, denn ausbleibende Mieteinnahmen brachten auf Dauer die gesellschaftliche Aufgabe der Wohnungsbaugesellschaft in Gefahr.

Die Hauptursache der hohen Energierechnungen war schnell gefunden: Aus Geldnot kauften die Mieter billige Haushaltsgeräte, die aber oft viel mehr Energie verbrauchen als teure Geräte und zudem nach kürzerer Zeit ersetzt oder aufwendig repariert werden müssen. Durch den höheren Stromverbrauch kostet der Betrieb dieser in der Anschaffung billigen Geräte ein Vielfaches dessen, was für den Kauf und Betrieb eines teureren, aber energiesparenderen Geräts aufgewendet werden müsste.

Wir entwickelten einen Plan: Die Mieter sollten bei einem Haushaltsgerätehersteller auf Servicebasis die Leistung eines energiesparenden Kühlschranks oder einer Waschmaschine beziehen können, und zwar für weniger als zehn Euro pro Monat. Für diesen Plan konnten wir die Firma *Bosch-Siemens-Haushaltsgeräte* (BSH) gewinnen, und bald danach präsentierte die Wohnungsbaugesellschaft das Angebot auf ihrer Webseite. Mit großem Erfolg, denn schon nach kurzer Zeit hatten 150 energiesparende Geräte ein neues Zuhause.

Auch bei diesem Modell gelten unsere Turntoo-Prinzipien: BSH bleibt für jedes einzelne Gerät verantwortlich, das heißt, Reparaturen aufgrund von »Produktionsfehlern« gehen auf Kosten des Herstellers. Zwar muss der Verbraucher bei diesem Pilotprojekt den Strom noch selbst bezahlen, doch sparen die Mieter jetzt dank des niedrigen Energieverbrauchs der Geräte jährlich ungefähr 300 bis 400 Euro. Die monatlichen Vertragskosten liegen also unter den bisherigen Energiekosten. Außerdem brauchen die Mieter sich keine Reserve für eventuelle Reparaturkosten oder einen neuen Kühlschrank anzulegen, da sie nun eine Leistung geliefert bekommen und kein Produkt. Die finanzielle Situation der Mieter besserte sich spürbar, der mittlere CO_2-Ausstoß pro Wohnung reduzierte sich erheblich, und jetzt gehen die Materialien der Geräte nicht mehr auf dem Müllberg verloren. Seit letztem Jahr bietet BSH dieses Modell in den Niederlanden als »Blue-Movement« auch für den Konsumentenmarkt an.

Man muss sich vor Augen halten, wie drastisch der Wandel ist, der sich hiermit vollzieht: Die gesamte Logik des alten Geschäftsmodells wird auf den Kopf gestellt. Jede Regel wird in ihr Gegenteil verkehrt. Lag es bisher im Interesse des Herstellers, ein Produkt so schnell wie möglich kaputtgehen zu lassen, so möchte er nun, dass es so lange wie möglich funktioniert. War die Reparatur eines Produkts bisher absichtlich äußerst kompliziert und teuer, hat der Hersteller nun ein großes Interesse daran, Reparaturen zu vermeiden oder billig und so einfach wie möglich zu machen. Das heißt: Je höher die Qualität eines Produkts, desto mehr verdient der Hersteller – statt umgekehrt.

Turntoo-Geschäftsmodell 2: Designed to Be Updated

Das zweite Geschäftsmodell, das auf den Kopf gestellt wird, ist das Geschäftsmodell »Designed to Be Outdated«. Zur Erinnerung: Dabei handelt es sich um die funktionelle Manipulation eines Produkts, das ständige etwaige Innovationen und Aktualisierungen erfordert. Wenn der Hersteller nach den neuen Prinzipien nun ein Eigeninteresse daran hat, dass ein Produkt so lange wie möglich benutzt wird, wird er es so gestalten, dass es leicht mit Updates versehen werden kann. Dadurch lässt sich die Nutzungsdauer maximal verlängern. Ratsam ist dabei ein sinnvoller, modularer (das heißt, aus verschiedenen losen Elementen bestehender) Aufbau des Geräts. Außerdem werden bereits in der Entwurfsphase »Vorüberlegungen« zur Zukunft jedes Einzelteils angestellt: Muss es irgendwann ersetzt werden, liegt es am besten an einer leicht zugänglichen Stelle des Geräts.

Der Flughafen Schiphol, der wie bereits erwähnt 2015 als erster Großkunde das in unserem Büro mit Philips pilotierte »Light as a

Service«-Prinzip übernahm, plante, eine 9.000 Quadratmeter große Lounge komfortabler zu gestalten und dort ein neues LED-Lichtsystem zu installieren. Da der Luftfahrtssektor sich stets in hohem Tempo wandelt, will Schiphol sich alle Optionen offenhalten und begrenzt alle Neuinvestitionen auf eine Laufzeit von maximal 15 Jahren. Ausstattung, Produkte oder Prozessabläufe gelten danach als veraltet und müssen angepasst oder erneuert werden.

Der Lichtbedarf auf einem Flughafen ist enorm. In den Ankunfts- und Abflughallen, auf den Start- und Landungsbahnen, in den unterirdischen Einrichtungen und in den Hangars brennt 24 Stunden pro Tag und an 365 Tagen pro Jahr Licht. Das kostet nicht nur sehr viel Energie, es benötigt auch viel Wartung.

Die durchschnittliche Brenndauer einer LED-Lampe lag 2015 bei sechs Jahren, nämlich ungefähr fünfzigtausend Stunden. Das bedeutet, dass innerhalb eines 15-jährigen Investitionszyklus die Lampen dreimal angeschafft werden müssen (im ersten Jahr und dann jeweils nach sechs und zwölf Jahren) und dass am Ende drei Jahre unverbrauchte Brennstunden übrig bleiben, wenn man die Lampen wie geplant nach 15 Jahren ersetzt. Reine Kapitalvernichtung! Ganz abgesehen von den praktischen Folgen, wenn die gesamte Lichtinstallation einer Flughafenlounge ausgetauscht werden muss.

Das Turntoo-Modell aber ermöglicht es Schiphol, Licht für eine Laufzeit von genau 15 Jahren geliefert zu bekommen – vertraglich geregelt.

Philips und seine Partner sicherten durch ihre Unterschrift Ausführung, Instandhaltung und notwendige Innovationen des Beleuchtungssystems zu, dabei blieb das Unternehmen Eigentümer der gesamten Installation. Exklusiv für Schiphol entwarf Philips eine Lampe, die mindestens so lange funktionieren wird, wie der Vertrag läuft – 15 Jahre oder ungefähr 130.000 Stunden Brenndauer.

Dafür musste die neue Lampe nur geringfügig adaptiert werden: Man versetzte den »Driver«, der bei einer LED-Lampe den

Stromfluss auf einen konstant niedrigen Gleichstrom begrenzt, an die Außenseite der Leuchte. In herkömmlichen Lampen ist der Driver so eingebaut, dass er für keine Reparatur zugänglich ist. Ein Schwachpunkt der üblichen LED-Leuchten, denn ist der Driver kaputt, muss bzw. soll (gemäß dem bisher gültigen Geschäftsmodell »Neu = noch gerade nicht kaputt«) die ganze Lampe ersetzt werden. Befindet sich der Driver an der Außenseite, lässt er sich einfach austauschen oder updaten, ohne die Lampe ausbauen zu müssen. Außerdem gibt es jetzt eine Software, die meldet, wenn eine (präventive) Wartung nötig ist. So verlängert sich die Lebensdauer der Hardware und die Instandhaltungskosten sind begrenzt. Aus »Designed to Be Outdated« wurde »Designed to Be Updated«.

Doch ein Produkt mit Updates zu versehen und seine Lebensdauer zu verlängern, ist nur eine von zahlreichen Möglichkeiten. Andere Formen des »Designed to Be Updated« sind Produktänderungen, bei denen sich die Gestalt den geänderten Bedürfnissen der Verbraucher oder einem allgemeinen Wandel im Geschmack anpasst. Das betrifft vor allem Produkte, deren Haltbarkeit von Modetrends bestimmt wird, das heißt, bei denen der Lebenszyklus länger ist als der Nutzungszyklus.

Bei Produkten mit hohem Innovationsdruck spielen Modifikationen der Hardware oder der Software ebenfalls eine wichtige Rolle.

Einige Initiativen und Hersteller versuchen daher bereits, die Auswirkungen der funktionellen Manipulation einzugrenzen. Zum Beispiel die Initiative *Phonebloks*. *Phonebloks* propagiert Produkte, die aus unterschiedlichen, getrennt erhältlichen Komponenten zusammengesetzt werden. Dadurch ist der Verbraucher nicht mehr gezwungen, bei einem Defekt jedes Mal ein vollkommen neues Gerät zu erwerben, sondern soll das funktionsuntüchtige Teil einfach austauschen können. Das Video, das der Designer Dave Hakkens und Gründer von *Phonebloks* 2013 ins Netz gestellt hatte, löste weltweit Begeisterung aus. Sogar Google engagierte sich einige Jahre mit dem Projekt Ara für die Idee von Hakkens; das Projekt wurde allerdings 2016 eingestellt – angeblich, weil es technisch zu kompliziert war.

Inzwischen gibt es einige Projekte, die auf dieser Idee beruhen: etwa das finnische *PuzzlePhone* oder das niederländische *Fairphone*. Das erste Modell der Firma konzentrierte sich vor allem darauf, den Gebrauch von Konfliktmineralien zu vermeiden. Das Fairphone 2, das seit 2016 auf dem Markt ist, baut auf vier Grundprinzipien auf: robustes Design, fair gehandelte Materialien (keine Materialien, die in Konfliktgebieten gewonnen werden), gute Arbeitsbedingungen, Wiederverwendbarkeit und Recycling. Unter robustem Design verstehen die Macher, dass das Fairphone leicht zu reparieren ist und defekte Teile einfach ausgetauscht werden können. Seit diesem Jahr kann das Fairphone durch Firmenkunden auch auf Servicebasis genutzt werden.

Bei diesen Produkten wird auf diese Weise der Nutzungszyklus verlängert. Beim Turntoo-Modell wird bereits im Entwurfsprozess einkalkuliert, dass sich unsere Bedürfnisse ändern. Hardware wird gewissermaßen wie eine Software »behandelt«.

Das zieht weitere Vorteile nach sich: Wenn technisches Vermögen wieder dazu eingesetzt wird, um zu tatsächlichem Fortschritt zu gelangen (statt lediglich zu oberflächlichen »Innovationen«), dann verlängern sich automatisch die Innovationszyklen, und die Innovationssprünge werden größer. Ingenieure und Entwickler brauchen keine Probleme mehr zu organisieren, sondern können ihre Aufmerksamkeit und ihr ganzes Wissen auf ein weit wertvolleres Projekt konzentrieren: auf das Entwickeln von Lösungen.

»Pre-loved« statt »used« – Refurbishment

Die Nutzungsdauer von Produkten mit hohem Innovationsdruck (und die Verwendungsdauer der Materialien, aus denen sie bestehen), lässt sich auch durch die Organisation mehrerer Kreisläufe verlängern. Dabei werden Produkte (oder ihre Materialien) an immer andere Benutzersegmente weitergegeben, basierend auf der Grundannahme, dass es verschiedene Kategorien von Benutzern gibt.

Der amerikanische Kommunikationsexperte Everett M. Rogers entwickelte in den 1960er-Jahren die Theorie von der »Diffusion von Innovationen«. Er unterteilte Benutzer in fünf unterschiedliche Gruppen: *Innovators* (Innovatoren), *Early Adopters* (frühe Übernehmer), *Early Majority* (die frühe Mehrheit), *Late Majority* (die späte Mehrheit) und *Laggards* (die Nachzügler).[1]

Auch das lässt sich am Smartphone illustrieren: Während die eine Konsumentengruppe von Verbrauchern vorzugsweise auf dem neuesten technischen Stand sein will, wartet die nächste Gruppe lieber, bis die Technik wirklich ausgereift ist. Eine weitere Gruppe von Verbrauchern benötigt nicht unbedingt das Allerneueste und begnügt sich auch mit einem Vorgängermodell. Im Rahmen des neuen Geschäftsmodells werden sich die »alten« Telefone nicht länger massenhaft in den Schubladen der »frühen Übernehmer« und der »frühen Mehrheit« ansammeln, sondern die Geräte – die oft noch einwandfrei funktionieren – werden vom Hersteller an das nächste Benutzersegment weitergegeben. Dadurch wird der gesamte Lebenszyklus des Gerätes voll ausgeschöpft und auf mehrere Nutzergruppen ausgedehnt.

Ist der Produktlebenszyklus an sein Ende gelangt, kann der Produzent das Produkt dann einfach auseinanderbauen und die unterschiedlichen Einzelteile oder Materialien für eine neue Generation von Produkten weiterverwerten.

Das geschieht – wenn auch noch in bescheidenem Ausmaß – bereits bei Produkten, die einem sogenannten »Refurbishment« unterzogen werden. Beim Refurbishment erhalten gebrauchte Produkte eine gründliche Revision und werden defekte oder verschlissene Teile, falls notwendig, ersetzt, sodass das Produkt wie neuwertig und oft mit ähnlich langer Garantiezeit wieder auf den Markt gebracht werden kann.

Dafür scheint es einen großen Markt zu geben, der jedoch augenblicklich nur teilweise bedient wird. Verbraucher überzeugt dabei das bessere Preis-Leistungs-Verhältnis von »Refurbished Products« gegenüber vollkommen neuen.[2]

Es ist an der Zeit, dass diese Entwicklung auch sprachlich nachvollzogen wird und sich eine neue Sprachregelung bildet, die nicht länger den Nachdruck darauf legt, dass ein Produkt nicht mehr neu oder sogar ausrangiert ist. Im Englischen gibt es Anzeichen dafür, dass in dieser Hinsicht tatsächlich ein Perspektivwechsel stattfindet: Hier spricht man immer weniger von »used« (gebraucht) oder »second-hand«, sondern immer öfter von pre-owned (schon einmal besessen), »pre-loved« (schon einmal geliebt) oder »proven« (geprüft/erwiesen).

Turntoo-Geschäftsmodell 3: Designed for Passion

Auch das Geschäftsmodell »Designed to Be Outfashioned« hat in der Turntoo-Welt ausgedient. Die psychologische Manipulation, die dem Konsumenten suggeriert, er sei nur, was er besitzt, und nur das Neuste vom Neuen zeichne ihn als vollwertiges Mitglied einer modernen Gesellschaft aus, wird überflüssig. Denn warum sollte ein Unternehmen einen Kunden, der sowieso dauerhaft die angebotenen Dienstleistungen nutzt, durch die bewusste Schaffung von Moden und Trends dazu stimulieren, sich nach neuen Produkten oder Dienstleistungen umzusehen? Im Gegenteil: Statt fortlaufend zum Kauf neuer Dinge zu animieren, wird nunmehr das Hauptinteresse der Produzenten sein, die Verbraucher bei der Stange zu halten. Je länger sie ein Produkt als Dienstleistung nutzen, desto besser!

Interessanterweise ist der Wandel schon in vollem Gange. Immer mehr verschiebt sich unsere Aufmerksamkeit vom »Besitzen & Neu« zum »Benutzen & Gebraucht«.

In den hippen Stadtteilen von Berlin, Paris oder London gilt bereits heute: Lieber eine Fahrt mit *Uber* als mit dem eigenen Auto, lieber eine *Airbnb*-Ferienadresse als ein eigenes Ferienhäuschen. Lieber Vintage als fabrikneu, lieber ein Kleidertauschabend mit Freunden als eine Shoppingtour durchs Einkaufszentrum, lieber auf dem Flohmarkt stöbern als zu Ikea.

Doch Vorsicht: Obwohl sich in unserer Verbrauchskultur offensichtlich eine neue Mentalität und neue Bedürfnisse herausbilden, sind diese noch keine langfristige Lösung. Solange sich nichts an den Produkten selbst ändert, werden auch diese Entwicklungen nur zu einer Optimierung der Linearwirtschaft führen. Die wahre Transformation bleibt aus, weil sie den noch immer dominierenden Geschäftsmodellen widerspricht. Das Turntoo-Modell jedoch schafft die besten Voraussetzungen für eine wahre kulturelle Transformation.

Ein Unternehmen könnte beispielsweise die Textilbranche tatsächlich revolutionieren: *Mud Jeans*. Geschäftsführer Bert van Son ließ sich von Turntoo dazu inspirieren, 2013 eine ungewöhnliche Jeansfirma zu gründen. Seine Kunden können gegen ein Entgelt bei ihm Hosen »nutzen«. Nach der Nutzungsdauer gehen die Hosen an ihn zurück. Sie werden dann wieder als Produkt eingesetzt oder zu neuen Produkten weiterverwertet. Mittlerweile kann *Mud Jeans* vierzig Prozent seiner Rohstoffe aus seinen eigenen recycelten Jeans gewinnen.

Ein weiteres führendes Unternehmen auf diesem Gebiet ist *Patagonia*, ein amerikanischer Hersteller von Outdoor-Kleidung. Schon seit Jahrzehnten setzt sich *Patagonia* für Umweltschutz ein, seit 1996 sind alle Baumwolltextilien biologischen Ursprungs. Aber damit nicht genug, *Patagonia* ist stets dabei, den nächsten Schritt zu gehen. 2011 machte die Firma mit einer ungewöhnlichen Anzeige Furore: *»Don't buy this jacket«* – »Kaufe diese Jacke nicht!« Konsumenten wurden während der »Black Friday Days« dazu aufgefordert, nur Dinge zu kaufen, die sie wirklich brauchen. Gleichzeitig bewarb *Patagonia* die Langlebigkeit seiner eigenen Produkte. 2015 lancierte das Unternehmen eine Kampagne mit dem Slogan: »*If it's broken, fix it!*« (»Wenn es kaputt ist, repariere es!«) Zeitgleich tourte ein Bus durch Amerika und Europa, in dem man seine kaputten Kleidungsstücke reparieren lassen konnte. In der Hauptgeschäftsstelle von Nevada werden mittlerweile 40.000 Kleidungsstücke pro Jahr repariert. Seit 2017 betreibt das Unternehmen die Website »wornwear«, über die man seine gebrauchten Kleidungsstücke der Marke verkaufen und andere gebrauchte Kleidungsstücke erwerben kann.

Natürlich werden wir nicht alle sofort damit aufhören können, uns mithilfe unseres Konsumverhaltens eine Identität zu erschaffen. Dafür ist dieser Prozess zu sehr in unserer Kultur verankert. Aber naheliegend ist, dass sich etwas ändern wird, wenn wir Konsumgüter nicht länger besitzen, sondern nur noch benutzen.

Zwei Grundprinzipien werden sich jedenfalls wesentlich ändern: Um etwas genießen zu können, muss es nicht unbedingt unser Eigentum sein. Und: Gebraucht ist so gut wie neu.

Sie stellen sich automatisch dadurch ein, dass die Hersteller beim neuen Geschäftsmodell zu neuen Marketingbotschaften greifen werden. Der Verbraucher wird diese neuen Botschaften mit der Zeit internalisieren und schließlich für genauso selbstverständlich halten wie die Slogans des alten Geschäftsmodells bisher.

»Das Leben ist nur eine Fahrt«, sagte einst der amerikanische Komiker Bill Hicks. Am Ende dieser Fahrt steht keine Rechenmaschine, in die alles, was wir während der Fahrt gesammelt haben, eingegeben, zusammengezählt und in einer Endsumme präsentiert wird. Im Gegenteil, am Ende der Fahrt werden wir genauso viel besitzen wie am Anfang, nämlich gar nichts.

Wenn wir im neuen Modell die Zeitlichkeit unserer Bedürfnisse berücksichtigen, werden wir uns auch stärker der Zeitlichkeit unseres Lebens bewusst werden. Man stelle sich eine Welt vor, in der wir nicht mehr länger von den Botschaften jenes Marketings umgeben sind, das uns nur ein organisiertes Problem schmackhaft machen will – und zwar dadurch, dass es in uns fortwährend ein Gefühl der Unzufriedenheit weckt.

Wie schön wäre es, wenn wir unsere Aufmerksamkeit nicht länger auf das krampfhafte Anhäufen von Eigentum richten müssten, sondern uns endlich darauf konzentrieren könnten, diese zeitliche, wunderbare Reise zu genießen, die unser Leben ist.

Wir könnten uns wieder auf unsere wahren Wünsche konzentrieren. Güter wären dann nur noch Hilfsmittel zur Realisierung von Träumen und der Umsetzung von Plänen – sie wären keine Ziele mehr an sich. Aus »Designed to Be Outfashioned« würde »Designed for Passion«.

Sicherlich kann man einwenden, dass das Product-as-a-Service-Modell auch eine neue Gebrauchskultur erfordert, die wir noch miteinander entwickeln müssen. Was passiert, wenn ich einen Nutzungsvertrag über zehn Jahre schließe und nach einem Jahr feststelle, dass ich mich geirrt habe oder sich meine Lage geändert hat? Müssen Nutzer nicht viel sorgfältiger mit allem umgehen? Das eigene Auto kann man zerbeulen, ohne dass dies direkt finanzielle Konsequenzen hat. Natürlich muss man auch über den Umgang mit Risiken nachdenken, wie etwa Beschädigung oder Diebstahl. Doch keine Sorge: Die vorhandenen vertraglichen Vereinbarungen aus Miet-, Leih- oder Leasingverträgen sind genügend entwickelt und ausgetestet, um dies abzudecken!

In den von Turntoo ausgearbeiteten Product-as-a-Service-Verträgen wird gewissermaßen das »Hausvater-Prinzip« praktiziert: Der »Gebraucher« muss die von ihm genutzten Produkte pfleglich behandeln, wie ein Hausvater oder eine Hausmutter. Tut er dies nicht, kann ihn der Produzent zur Rechenschaft ziehen und ihm vorwerfen, seiner Sorgfaltspflicht für das Produkt nicht nachzukommen.

Überdies ist es heute schon so, dass gemietete oder geleaste Güter in der Regel sorgsamer behandelt werden als Eigentum. So hat *Leaseplan*, das größte Leasing-Unternehmen Europas, kürzlich bekanntgegeben, dass es das zweite Leben seiner Flotte selbst in die Hand nehmen will und die Autos selbst vermarkten wird.[3] Warum das? Leasing-Autos werden sorgsamer behandelt und sind meist in einem wesentlich besseren Zustand als Autos von Privatpersonen, die als Gebrauchtwagen verkauft werden. Die Vertragsform der Zukunft? Ein Abonnement. Dem Unternehmen zufolge sind Verträge, die man nicht zwischenzeitlich kündigen kann, nicht mehr von dieser Zeit.

Eine andere Entwicklung, die beim Product-as-a-Service-Modell eine wichtige Rolle spielen wird, ist die digitale Vernetzung der Apparate, das sogenannte Internet of Things. Mithilfe der vernetzten Apparate kann man nicht nur auf Abstand einsehen, ob der Kühlschrank leer ist oder das Licht im Keller noch brennt, sondern auch wie oft und mit welcher Tourenzahl die Waschmaschine läuft und ob sich dabei Unregelmäßigkeiten zeigen.

So bestätigte mir der Geschäftsführer von Bosch-Siemens-Haushaltgeräten Karsten Ottenberg kürzlich, dass es für die wirtschaftliche Machbarkeit von Blue-Movement essentiell sei, zu wissen, wie intensiv ein Gerät genutzt werde, um den richtigen Zeitpunkt für eine Wartung oder Reparatur bestimmen zu können. Nur so könne der Werterhalt der Geräte optimal gesteuert werden. Auch hier zeigt sich wieder, wie wichtig es ist, Macht und Verantwortung miteinander zu verknüpfen. Wenn der Gebraucher Mängel an einem Gerät feststellt bzw. feststellen kann, ist der entstandene Schaden meist erheblich größer, als wenn man vorzeitig ein mangelhaftes Bauteil ausgetauscht hätte.

Fertig? Alles gut? Leider nein.

Wären wir damit am Ziel angelangt? Leider noch nicht. Obwohl »Product as a Service« zahlreiche bisherige Probleme löst, ist das Geschäftsmodell zunächst nur ein erster – wenn auch grundlegender – Schritt in Richtung einer Lösung. Produktdesign, Geschäftsmodelle und Kultur sind unverzichtbar für einen Wandel zur Erntegesellschaft. Doch ohne Betriebsprozesse, Materialmanagement und Finanzierungsmodelle wird es nicht gehen. Ein Produzent kann sich noch so sorgfältig seinen Produkten widmen: Es braucht mehr, um Materialien auch wirklich zu erhalten.

Obwohl wir uns mit »Product as a Service« auf dem richtigen Weg befinden, muss sich, wenn wir das Endliche tatsächlich für eine unendliche Zeit verfügbar halten wollen, noch eines grundlegend ändern: unser Verhältnis zu den Materialien.

Im Turntoo-Modell haben alle Beteiligten ein Interesse daran, Produkte so lange wie möglich zu nutzen, und alle Produzenten daran, das Material so hochwertig wie möglich aus dem Produkt wiederzugewinnen.

Das gelingt aber nur, wenn die gesamte Wertschöpfungskette viel detaillierter protokolliert und durchdacht wird als bisher. Deswegen muss jedem einzelnen Material eine viel größere Aufmerksamkeit geschenkt werden. Und deshalb muss jedes Material eine eigene Identität bekommen, die systematisch in Form von Daten festgehalten und durch die gesamte Wertschöpfungskette hindurch dokumentiert wird.

Denn was keine Identität besitzt, geht leicht verloren – aller finanziellen Motivation zum Trotz. Und solange Materialien systematisch verloren gehen, kann vom Ende der Linearwirtschaft noch keine Rede sein. Denn irgendwann landen die Materialien dann doch unwiederbringlich im Müll.

Deswegen gibt es noch etwas anderes zu tun, damit die Zerstörung von wertvollen Materialien endgültig beendet werden kann. Bitte umblättern!

7.

DER MATERIALPASS UND DAS MADASTER ODER: WIE BEWAHRT EINE BIBLIOTHEK ROHSTOFFE VOR DEM MÜLL-TOD?

»Ich hätte lieber einen Pass voller Stempel
als ein Haus voller Sachen.«
UNBEKANNT

Im Jahre 1713 erschien ein Werk, das bis heute nahezu unbekannt geblieben ist: *Sylvicultura oeconomica*. Der Autor, Hans Carl von Carlowitz, führte darin den Begriff »Nachhaltigkeit« ein. Zwar taucht der Begriff in diesem umfangreichen Werk nur ein einziges Mal auf, doch wird von Carlowitz stets damit verbunden bleiben. Auch hier gilt: Neues Denken schafft neue Begriffe.

Hans Carl von Carlowitz, Sohn eines sächsischen Adligen, verwaltete als Oberberghauptmann die Wälder des Erzgebirges. Holz war für die Bergwerke Sachsens unentbehrlich. Man benötigte es als Brennstoff für die Schmelzöfen. Doch der Dreißigjährige Krieg hatte in ganz Europa Spuren der Verwüstung hinterlassen, und die Wälder waren für den Bau von Häusern und Städten, Flößen und Kriegsschiffen stark dezimiert worden. Von Carlowitz erkannte, dass der daraus resultierende Holzmangel eine Gefahr für die Bergwerkindustrie darstellte und damit auch für die Arbeitsplätze und das Einkommen vieler Bürger. Er hielt Sparsamkeit nur für ein begrenztes Mittel gegen Raubbau.

Holz gehörte für ihn zu den Grundbedürfnissen des Menschen, weshalb man »pfleglich« mit den Wäldern umgehen müsse: Pflanzung und Wachstum solle mit dem Holzeinschlag mithalten, sodass es »eine continuirliche beständige und nachhaltende Nutzung gebe«. Man dürfe, so lautet die Botschaft der *Sylvicultura oeconomica*, den Wäldern nicht mehr Holz entnehmen, als durch Säen und Pflanzen, also durch Wiederaufforstung, hinzukomme. Eine bemerkenswert moderne Anschauung! Einen vergleichbaren systematischen, vorausschauenden Ansatz gab es damals bereits im Land- und Gartenbau, doch noch nicht in der Forstwirtschaft. Ein Bauer hatte wenig Interesse daran, einen Baum zu pflanzen, weil ein Menschenleben im Allgemeinen zu kurz war, um Nutzen daraus zu ziehen. Deshalb müsse, so von Carlowitz, das Anlegen, die Pflege und die Verwaltung der Wälder von »hoher Orten« erfolgen.[1] Und so geschah es auch. Sein Werk war von großer Bedeutung für die Entwicklung der deutschen Forstwirtschaft.

Materialdepots statt Müllhaufen

Von Carlowitz' langfristige Perspektive ist natürlich nicht nur für Bäume wichtig. Die Erde ist als geschlossenes System mit einer endlichen Menge von allen Materialien und Rohstoffen ausgestattet; es kommt niemals mehr etwas hinzu. Deshalb kann das Wachstum in einem solchen System auch niemals bis ins Unendliche erfolgen. Ein Grund, warum die heutige Wirtschaft zu einer Ökonomie umgestaltet werden muss, in der alles, was uns nur endlich zur Verfügung steht (Rohstoffe, Materialien, Grund und Boden), unendlich wiederverwendbar bleibt.

Um das zu erreichen, muss der Rohstoffverbrauch von Wirtschaftswachstum und Wohlstand losgekoppelt werden. Täglich gehen ungeheure Mengen von Materialien und Rohstoffen verloren, werden »wertlos«, weil sie in der Anonymität landen: Sie werden zu Müll degradiert. Das Konzept »Product as a Service« kann Verschwendung zwar reduzieren, doch nicht grundsätzlich vermeiden.

Wenn wir die Vernichtung der endlichen Rohstoffe in unserem geschlossenen System Erde beenden wollen, müssen wir eine organisierte Kontrolle über die Rohstoffe gewährleisten und sie – im zeitgemäßen Sinne von Carlowitz' – nachhalten.

Wird ein Produkt oder Gebäude innerhalb der Linearwirtschaft für »wertlos« erklärt, verlieren alle in ihm verarbeiteten Materialien mit einem Schlag ihr Existenzrecht. Man nennt das Ganze dann nur noch »Müll«. Eigenschaften und Kennzeichen dieser Materialien, die anfänglich für die Produktion noch wertvolle Informationen darstellen, geraten im Laufe der Zeit in Vergessenheit. Müll ist Material ohne zugeschriebene Identität und damit ohne Existenzrecht. Glücklicherweise begreifen immer mehr Menschen, was für eine enorme Verschwendung das ist.

Seit einigen Jahren wird eine »Methode« immer populärer: Man erklärt eine Stadt oder ein anderes dicht besiedeltes Gebiet (mit einigem Recht) zur »Mine«. Der Gedanke ist es, Rohstoffe aus langlebigen Gütern wie Elektrogeräten, Autos, Bahntrassen und Gebäuden zurückzugewinnen, verbaute Materialien werden als Sekundärrohstoffe wieder nutzbar gemacht. Man spricht von »Urban Mining« oder »Stadtschürfung«.[2]

Das Potenzial des menschengemachten Lagers ist beträchtlich: Laut dem Deutschen Bundesumweltamt (UBA) liegt »die direkte Materialnutzung der deutschen Volkswirtschaft – unter Abzug der Exporte – im Inland bei jährlich rund 1,3 Milliarden Tonnen. Offensichtlich wächst die Volkswirtschaft physisch immer weiter an, denn weniger als ein Drittel dieser Menge lässt sich jährlich als Abfall registrieren.« Das UBA schätzt, dass sich in den vergangenen fünfzig Jahren rund 42 Milliarden Tonnen in deutschen städtischen Lagern angesammelt haben. Zum Vergleich: Im Jahr 2000 wurden weltweit genauso viele Rohstoffe neu gewonnen.

Die größte Herausforderung beim »Urban Mining« ist es, die städtischen »Minen« zu kennen und zu wissen, wann welche Materialien wieder frei werden, denn sie müssen richtig gefördert, getrennt und aufbereitet werden, eine wichtige zukunftsträchtige Aufgabe!

Dazu ist es notwendig, Rohstoffe vollständig zu inventarisieren. Hier ergibt sich eine Parallele zum Bergbau. Denn auch im historischen Bergbau wird eine Mine eröffnet, sobald ein Vorkommen von Bodenschätzen festgestellt worden ist, die Menge allerdings noch unklar ist und die detaillierten Umstände und Risiken der Gewinnung sich noch ergeben müssen. Dasselbe gilt auch für »Urban Mining«. Derzeit weiß man nicht genau, wie viel und was an Rohstoffen und Materialien sich in einer »urbanen Mine« befindet und wo, weil sich keiner je die Mühe gemacht hat, eine Dokumentation dieser Mine zu erstellen.

Außerdem wurde beim Bau einer Stadt bislang nie die Möglichkeit bedacht, sie als Mine zu nutzen. Die Wahrscheinlichkeit, dass man im Nachhinein sämtliche Materialien zurückgewinnen kann, ist damit sehr gering. Auch weil man bisher nur selten Gebäude oder Produkte so entwirft, dass alles nach Gebrauch leicht und ohne Wertminderung demontiert oder wieder zusammengebaut werden kann. Im Gegenteil: Zwar können moderne Recyclingmethoden negative Auswirkungen am Ende der heute noch praktizierten Produktionskette teilweise nivellieren, doch solange wir nichts grundsätzlich an der Kette selbst verändern, liegt eine fundamentale Lösung in weiter Ferne.

Solange das Wirtschaftssystem nicht verändert wird, kann das »Urban Mining« nur Symptome behandeln und lediglich das lineare System optimieren. Solange es Müll gibt, werden Materialien und mit ihnen Rohstoffe unwiederbringlich verloren gehen. Es wird Zeit, dass wir Materialdepots statt Müll anlegen! Denn Materialdepots dienen der Zukunft, Müll nur der Vergangenheit. Dann wird »Urban Mining« zum Urban-Material-Management.

Wie verschwenderisch und unklug wir selbst mit wertvollsten Rohstoffen umgehen, sieht man am Beispiel Gold: »Alles Gold, das jemals aus der Erde gegraben wurde, zirkuliert heute über ihr«, behauptet der Edelmetallhändler, Goldexperte und Publizist James Turk. Das mag mal gestimmt haben. Denn früher wurde das geschürfte Gold vorwiegend zu Schmuck und dekorativen Gebrauchsgegenständen verarbeitet, die stets weitergegeben oder aufgrund ihres Wertes eingeschmolzen und neu verarbeitet wurden. Das bedeutet, dass das Gold, das jemand heute in seiner Uhr trägt, durchaus vor zweitausend Jahren von den Römern geschürft worden sein könnte.[3] Doch die Menge Gold, die im Umlauf ist, hat sich in den letzten Jahren reduziert.

Die 1835 gegründete British Geological Society berät die britische Regierung, die Öffentlichkeit, die Wissenschaft wie auch die Industrie als unparteiischer Ratgeber in allen geowissenschaftlichen Fragen. Dieser weltweit renommierte Dienst hat errechnet, dass gegenwärtig ungefähr zwölf Prozent des Goldvorrats für die Herstellung von Elektronik verwendet werden. Doch die im einzelnen Gerät verwendete Menge ist so minimal, dass sie schon aus wirtschaftlichen Gründen nicht aus den Geräten herausgelöst werden kann. Heißt: Wenn das Handy oder der Computer »entsorgt« werden, landet das darin enthaltene Gold im Müll.

Natürlich wird – streng wissenschaftlich betrachtet – die tatsächliche Gesamtmenge des Goldes auf der Erde nicht kleiner. Da in einem geschlossenen System wie der Erde nichts verschwinden kann, geht uns nur ein ständig wachsender Anteil ihrer Materialien verloren, weil sie in der Anonymität landen oder ihre Gestalt verändern. Manche von ihnen verwandeln sich in andere Zustandsformen wie etwa Gase. Wenn wir also davon sprechen, dass Materialien verloren gehen, meinen wir nicht, dass sie nicht mehr existieren, sondern dass sie für uns nicht mehr nutzbar sind, weil sie uns nicht mehr zur Verfügung stehen.

Das ist auch einer der Gründe für das Problem der Erderwärmung: Was sich früher im oder auf dem Boden befand, schwebt nun in Form von CO2 über unseren Köpfen.

Eine Müllverbrennungsanlage ist ein Rohstoff-Krematorium!

Natürlich ist »Urban Mining« heute nicht das einzige Verfahren der Rohstoffrückgewinnung. Die meisten Rohstoffe »retten« wir heute durch das Recycling, das im Grunde ein »Waste Mining« ist. Recyclingfirmen statten den Müll gewissermaßen wieder mit einer Identität aus, wodurch er als sogenannter »Sekundärrohstoff« verfügbar wird. Doch wenn es für eine Recyclingfirma nicht wirtschaftlich ist, dem Müll bestimmte Materialien zu entziehen, dann zieht sie es vor, den Müll zu verbrennen. Auch Recycling ist nur eine Symptombehandlung – mit teilweise verheerenden Folgen.

»Die Müllverbrennung ist in Deutschland eine tragende Säule der Abfallentsorgung« heißt es in einem Artikel des Bundesministeriums für Umwelt, Naturschutz, Bau und Reaktorsicherheit (BMUB). Doch im Gegensatz zu den Niederlanden findet man keine offizielle Statistik über die Quote des in Deutschland verbrannten Müllaufkommens. Grund könnte sein, dass das Thema schon seit vielen Jahren ein Politikum ist.

Laut einem 2017 veröffentlichten Bericht des Bundesumweltamtes wurde im Jahre 2015 nur etwa die Hälfte des getrennt entsorgten Plastikmülls wiederaufbereitet. Die andere Hälfte landete in Müllverbrennungsanlagen[4].

Nach EU-Richtlinien darf eine Müllverbrennungsanlage als »Wiederverwertungsanlage« bezeichnet werden, heißt es beim Bundesministerium für Umwelt, Naturschutz, Bau und Reaktorsicherheit. »Sie bietet die Möglichkeit, im Zuge der thermischen Behandlung der Abfälle zur Inertisierung, Strom und Wärme zu gewinnen.« Man spricht deswegen sogar von »grünem Strom«, der mithilfe von »thermischer Verwertung« produziert wird.

Das sind jedoch Euphemismen für einen Prozess, bei dem Rohstoffe nichts anderes als eingeäschert werden. Wir werden die Rohstoffe nie und niemals in ihrer ursprünglichen (nutzbaren) Erscheinungsform wiedersehen. Wir nennen Müllverbrennungsanlagen deswegen lieber beim richtigen Namen: »Rohstoff-Krematorium«!

Ein Beispiel: Bis Anfang 2017 wurde in Deutschland Klärschlamm verbrannt und die darin enthaltenen Rohstoffe vernichtet. Die damalige Bundesumweltministerin Barbara Hendricks änderte das: »Künftig ist es nicht mehr egal, ob die im Klärschlamm enthaltenen Pflanzennährstoffe recycelt werden oder ungenutzt verloren gehen. Schadstoffarme Rohstoffreserven sind knapp oder kommen aus politisch instabilen Regionen. Dies gilt insbesondere für den nur endlich verfügbaren Rohstoff Phosphor. Und anders als bei fossilen Energieträgern kann Phosphor insbesondere in der Düngung nicht durch alternative Stoffe ersetzt werden.« Im März 2017 wurde ein Gesetz beschlossen, das Kläranlagenbetreiber zur Rückgewinnung von Phosphat verpflichtet.

Recyclingbetriebe operieren also vielfach auf Kosten von Rohstoffen und nicht, wie deren Werbekampagnen uns weismachen wollen, zu deren Gunsten.

Warum fällt das keinem auf? Weil der ganze Vorgang in einer legalisierten Anonymität stattfindet, nämlich in einer Umgebung, in der Materialien weder Identität noch Rechte besitzen.

Wenn unser Handeln tatsächlich nachhaltig werden soll, muss sich auch an der Gesetzgebung grundlegend etwas ändern. Da das bisherige Mining nur auf rückwärtsgewandtes Inventarisieren zurückgreifen kann, liegt die Lösung in einer vorwärtsgewandten Dokumentation, im bewussten Anlegen eines Depots.

Vorausgedacht – der Eichenbalken des New College

Ein schönes Beispiel für ein bewusstes Voraus-Denken ist die Geschichte vom Eichenbalken des Oxforder New College. Das New College wurde 1379 gegründet und ist eines der ältesten Gebäude auf dem Universitätsgelände von Oxford. Vor ungefähr hundert Jahren entdeckte man, dass die Holzdecke des riesigen Speisesaals von Käfern befallen war und ersetzt werden musste. Doch wo sollte man Eichenholz in dieser Größe hernehmen? Man erkundigte sich beim Forstwart, der die Wälder rund um das New College verwaltete. Merkwürdigerweise sagte der Mann, dass er schon lange auf diese Frage gewartet habe. Als das New College erbaut wurde, hatte nämlich jemand die vorausschauende Idee, gleichzeitig schon jene Eichen zu pflanzen, mit deren Holz irgendwann die Deckenbalken des Gebäudes ersetzt werden können. Das Wissen um die Existenz dieser Eichen wurde über viele Generationen hinweg von Forstwart zu Forstwart weitergegeben, sodass jeder von ihnen wusste: Diese Bäume waren dem New College vorbehalten, und keiner durfte an sie Hand anlegen.

Der vorausschauende Blick begeistert: Da hat sich jemand lange im Voraus die Lösung für ein Problem überlegt, das sich vielleicht erst in Hunderten von Jahren stellen würde. Und die Lösung war zu allen Zeiten verfügbar, weil die dafür notwendigen Informationen sorgsam aufgeschrieben und weitergegeben worden waren.

Was wir daraus lernen können, ist so wichtig wie selbstverständlich: Wenn man will, dass etwas verfügbar bleibt, muss man es registrieren, dokumentieren und archivieren: Erst dann wird es zu »Material« mit Zukunft.

Aufschreiben statt abschreiben

Dokumentieren wir etwas, können wir darauf aufbauen – nicht nur im übertragenen, sondern auch im buchstäblichen Sinne. Die Erfindung der Schrift und später der Buchdruckkunst hatte unglaubliche Folgen für unser kollektives Wissen: Plötzlich konnte jede neue Generation auf den Fundamenten der früheren Generationen aufbauen. Dadurch konnte unser Wissen das schwindelerregende Niveau der heutigen wissenschaftlichen Welt erreichen. »Wenn ich weiter geblickt habe, so deshalb, weil ich auf den Schultern von Riesen stehe«, so lautet eines der bekanntesten Bonmots von Isaac Newton.

Unsere Erfindungen und wissenschaftlichen Errungenschaften verdanken wir weniger einzelnen historischen Personen als vielmehr ganzen Gemeinschaften – und vor allem der Methode, wertvolle Informationen niederzuschreiben und somit ständig verfügbar zu halten. Hätten wir niemals etwas aufgeschrieben, wären wir in unserer Entwicklung nie so weit gekommen. Und alles, was wir heute aufschreiben, bildet die Basis für die Welt von morgen.

Aufzuschreiben, was wir für wichtig halten, liegt uns gewissermaßen im Blut. Da uns nichts wichtiger ist als unsere Nachkommenschaft, wollen wir alles bewahren. Wir dokumentieren die ersten Schritte unserer Tochter, markieren mit Strichen an der Wand, wie unser Sohn wächst. Sorgfältig werden alle Ereignisse in Bildern festgelegt, damit keiner der kostbaren Augenblicke verloren geht.

Und das alles, obwohl wir wissen, dass laut Berechnung des Statistischen Bundesamtes von 2015 pro Kind bis zum 18. Lebensjahr eine Investition von etwa 130.000 Euro nötig ist, die keine übliche Rendite abwirft, und wir mit der Abschreibung dieser Investition beim Finanzamt auf taube Ohren stoßen. Ganz zu schweigen von der Tatsache, dass kein einziges Geldinstitut uns bei der Geburt unserer Kinder dieses Geld zur Verfügung stellen würde. Die Investition in das Wertvollste, was wir haben, unsere Kinder, ist in unserem heutigen finanziellen System eine wertlose Investition. Das allein sollte uns schon zu denken geben.

Wertvolles wird aufgeschrieben und dokumentiert. Aber es gilt auch: Was *ab*-geschrieben ist, wird wertlos. Das geschieht in der Linearwirtschaft in gigantischem Ausmaß. Große Hotelketten zum Beispiel ersetzen alle fünf bis sieben Jahre das gesamte Mobiliar, weil das alte nach diesem Zeitraum »abgeschrieben« ist. Der Termin, an dem die »Vollabschreibung« erreicht ist, ist bei den meisten

Betrieben und Institutionen ausschlaggebend für Neuinvestitionen. Das betreffende Gerät oder Mobiliar wird ersetzt, egal, ob es noch nutzbar ist oder nicht. Diese finanztechnisch motivierte Praxis trägt entscheidend zur Materialverschwendung in unserer Kultur bei.

Gebäude, die nicht mehr benötigt werden oder eben abgeschrieben sind, reißt man ab. Ein Abriss ist nicht nur für sich genommen teuer, sondern mit ihm geraten auch Wert und damit Kapitalwert der sich im Gebäude befindlichen Materialien in Vergessenheit, zumindest für den Eigentümer der (Im-)Mobilie. Dabei sind laut Deutschem Umweltbundesamt Baureste wie Bauschutt, Straßenaufbruch, Steine und Baustellenabfälle mit jährlich 200 Millionen Tonnen die größte Abfallfraktion.

Man hat sie ja niemals aufgeschrieben, sondern im Verlauf mehrerer Jahre nur gegen null abgeschrieben. Beträgt der Buchwert eines Gebäudes einmal null Geldeinheiten, ist es für unseren eindimensionalen Blickwinkel, den uns die finanziellen und fiskalischen Spielregeln vorgeben, vollkommen wertlos geworden. Doch wie wir nicht oft genug wiederholen können: In einem geschlossenen System gibt es keine Wertlosigkeit!

Der Materialpass als Ausweis der Identität

Natürlich können nur Stoffe gefunden oder geschürft werden, die vorhanden sind. Oft aber scheinen sie für uns erst in dem Moment »zum Leben zu erwachen«, wo sie zutage gefördert werden. Erst in diesem Augenblick erhält das Material eine Identität und ist eine Wertzuschreibung möglich. Landet das Material aber als Müll in der Anonymität, hört es gewissermaßen offiziell auf zu existieren und ist damit für uns verloren. Auch in der Anonymität hat alles den gleichen Wert: nämlich keinen.

Es passiert dasselbe wie bei Menschen. Egal ob man Rechtsanwalt, Lehrer oder Nobelpreisträger ist: Wer beispielsweise als Flüchtling den Pass verliert, gleitet in die Anonymität ab. Es kostet Zeit und große Mühe, einen neuen Pass zu bekommen. Erst mit ihm kann das normale Leben wieder aufgenommen werden. Das zeigt, wie wichtig in unserer modernen Welt Registrierung, Dokumentation und Archivierung von Identität sind. Anonymität ist gleichbedeutend mit Rechtlosigkeit und Wertlosigkeit. Das gilt für alle und alles – Menschen, Regionen, Tiere, Pflanzen und eben auch für Materialien.

Solange Materialien in die Anonymität abgleiten können, werden wir wertvolle Rohstoffe verlieren. Und solange bleibt auch unser Produktionsmodell linear, und wir haben durch verschiedene Symptombehandlungen lediglich die Zeit, die uns noch bleibt, etwas in die Länge gedehnt, ohne das Wirtschaftssystem wesentlich verändert zu haben.

Wenn es uns ernst ist mit dem Anliegen, nichts verloren gehen zu lassen, müssen wir mehr tun, als mit Methoden wie »Urban Mining« im Nachhinein die Rohstoffe (teilweise!) zurückzugewinnen. Die Lösung dieses Problems muss zu einem viel früheren Zeitpunkt in der Produktionskette ansetzen und um einiges radikaler sein: In einer Welt mit derart komplexen wirtschaftlichen und gesellschaftlichen Strukturen wie unserer können wir die Anonymität der Materialien nur dadurch verhindern, dass wir ihnen dauerhaft eine registrierte, dokumentierte und archivierte Identität verleihen. Indem wir unsere physische Welt mittels Daten »einfangen«, können wir das Endliche so organisieren, dass es unendlich verfügbar bleibt.

Wir kennen das Prinzip aus der öffentlichen Bibliothek: Hier wird präzise festgehalten, wann und von wem ein Buch ausgeliehen wird. Das sichert die ständige Verfügbarkeit des Buches, manchmal schon seit Generationen. Jedes Buch besitzt eine Art Identitätsausweis, durch den es in diesem übersichtlichen System auch dann repräsentiert wird, wenn es physisch abwesend ist. Der Bibliothekar weiß jederzeit, wo sich die einzelnen Bibliotheksexemplare befinden, selbst wenn sie nicht im Regal stehen und sich über verschiedene Häuser, Taschen, Autos und Schreibtische verteilen. Dadurch, dass alles aufgeschrieben und dokumentiert wurde und wird, behält der Bibliothekar die Übersicht und die Sammlung bleibt intakt.

Dieses Prinzip nahmen wir uns bei Turntoo zum Vorbild für unseren Plan, keine Materialien mehr verloren gehen zu lassen, und erfanden 2010 den »Materialpass für Gebäude«. In ihm werden nicht nur sämtliche Materialien und Komponenten eines Produkts oder Gebäudes präzise registriert, sondern es wird auch notiert, wo diese sich befinden.

Das Rathaus des niederländischen Städtchens Brummen war 2013 das erste Gebäude der Welt, das mit einem Materialpass ausgestattet wurde. 2011 erhielt unser Architekturbüro den Auftrag, das historische Rathaus zu renovieren und mit einem Erweiterungsbau zu versehen. Der Auftrag war allerdings ungewöhnlich: Angesichts der Fusion vieler Gemeinden beauftragte uns der Gemeinderat, den Erweiterungsbau für einen Zeitraum von zwanzig Jahren zu entwerfen, da die Möglichkeit bestand, dass die Gemeinde nach dieser Zeit kein Rathaus mehr benötigen würde. Für uns ein willkommener Anlass, unsere Vision eines kreislauffähigen Gebäudes konsequent umzusetzen. Alle Zulieferer wurden verpflichtet, die Bauteile so zu gestalten, dass sie sie nach zwanzig Jahren wieder zurücknehmen können. So erhielten wir eines Tages einen Anruf des Holzbalkenherstellers mit der Frage, ob die Balken auch drei Zentimeter höher sein dürften. »Selbstverständlich« war unsere Antwort, aber »wofür?«. Die Antwort war einleuchtend: Mit der größeren Dicke konnte er eine Tragfähigkeit der Balken erreichen, die ihm in zwanzig Jahren ein viel breiteres Spektrum an Einsatzmöglichkeiten gewährte und damit einen zwanzig Prozent höheren Restwert.

Der Rathausbau wurde 2013 mit dem Architekturpreis *Award Duurzame Architectuur* ausgezeichnet. Der Preis wird an Gebäude vergeben, bei denen eine außergewöhnliche Optimierung in Sachen Nachhaltigkeit erzielt wurde. Denn wenn das Rathaus eines Tages nicht mehr gebraucht wird, kann der transparente Neubau demontiert werden. Die notwendigen Informationen über Bauteile und Materialien wurden minutiös in einem Materialpass dokumentiert.

Durch einen solchen Pass erhalten auch die einzelnen Materialien eine dauerhafte Identität, unabhängig vom Produkt oder Gebäude, in dem sie verarbeitet sind. Damit ändert sich alles: Gib einer Sache eine offiziell anerkannte, dokumentierte Identität, und sie bekommt und behält ihren Wert!

Bei manchen Dingen wie beispielsweise bei einem bislang unbekannten Gemälde von Leonardo da Vinci, das als echt identifiziert wird, steigt der Wert durch die Identifizierung ins Unermessliche. Eine Identität vermehrt den Wert einer Sache dadurch, dass sie deren Einzigartigkeit und Einmaligkeit bekundet, und ist mehr als die Summe aller Kennzeichen: Sie weist eine Sache als etwas aus, was nicht verloren gehen darf und deshalb des Schutzes bedarf. Etwas Besonderes, eine »Limited Edition«, manchmal auch wie beim Menschen mit der »Auflage EINS«.

Unser Verantwortungsgefühl hängt stark davon ab, ob etwas einen solchen Identitätsausweis besitzt oder nicht. Die momentane kollektive Ignoranz gegenüber Nachhaltigkeitsthemen können wir nur praktizieren, weil vieles, was wir durch unser bisheriges Verhalten verlieren, anonym ist: Menschenleben, Ökosysteme, Rohstoffe und so weiter. Gibt man dem »Problem« einen Namen und eine Identität, ist es nicht länger zu verleugnen.

Der Materialpass soll diese Anonymität nun aufheben. Mit ihm können wir zu hundert Prozent den Abfall eliminieren. Materialien gehen nicht länger verloren, und wir tragen der Tatsache Rechnung, dass die Erde ein geschlossenes System ist. Es bedeutet anzuerkennen, dass alles gleich wichtig ist: Mensch, Tier, Pflanze und eben auch das Material.

Was würde sich ändern, wenn Materialien eine Identität besäßen?

Was sich ändern würde, wenn Materialien einen Identitätsausweis besäßen, lässt sich leicht am Bausektor zeigen, der weltweit mehr als vierzig Prozent aller Rohstoffe verbraucht.[5] Könnten wir nur diese eine Branche dazu bewegen, den Materialpass einzusetzen, wäre die Wirkung schon überwältigend.

Um Materialien für die Zukunft zu sichern, müssen wir festhalten, welche Materialien bei einem Bau verwendet werden, wie viel davon und an welcher Stelle. Zu diesem Zweck haben wir bei Turntoo eine unter Architekten, Ingenieuren und Bauunternehmern verbreitete Methode zum Einsatz gebracht, das »Building Information Modeling« (3D BIM), nämlich einen intelligenten, auf einem 3D-Modell basierenden Prozess, der Informationen und Werkzeuge für effiziente Planung, Entwurf, Konstruktion und Verwaltung von Gebäuden und Infrastruktur bereitstellt.

Mithilfe von 3D BIM haben wir den bereits erwähnten Materialpass als Datenmodell entwickelt. In diesem Pass werden alle Informationen über die verbauten Materialien gesammelt, dokumentiert und gespeichert. So weiß man jederzeit, welches Material in einem Produkt oder einer Komponente verarbeitet wurde, etwa wie viel Kilo Stahl, Gold, Kupfer oder Keramik. Außerdem wird festgehalten, wo das Material herstammt, ob und wie es bearbeitet wurde und an welcher Stelle des Gebäudes es sich augenblicklich befindet. Jedes Baudetail, egal wie groß oder klein, ist vermerkt, wodurch verhindert wird, dass es, sobald es seinen angestammten Platz verlässt, als Müll endet.

1. Gebäude sind bereits Materialminen

Würde jeder Neubau einen solchen Materialpass erhalten, wäre das ein großer Fortschritt, trotzdem aber nur ein Tropfen auf den heißen Stein. Denn der Anteil der Neubauten pro Jahr macht im Vergleich zur Menge aller Gebäude nur EIN Prozent aus. Gelänge es uns, bei allen bereits existierenden Gebäuden rückwirkend die verwendeten Materialien zu inventarisieren, wäre der Effekt spürbar größer. Würden wir uns den »wertlosen«, das heißt abgeschriebenen, Gebäuden aufmerksam zuwenden, bildeten diese restlichen 99 Prozent einen äußerst interessanten Markt.

Wer heutzutage ein Gebäude loswerden will, beauftragt ein Abrissunternehmen – und zückt sein Portemonnaie. Ein Materialpass aber würde dem Besitzer klarmachen, dass sein abgeschriebenes Gebäude einen Wert hätte, und er am Abriss unter Umständen sogar verdienen könnte. Jedes Gebäude der Welt würde so zur Materialmine!

Vor einiger Zeit kontaktierte uns ein großes Unternehmen, das auf seinem Firmengelände ein großes Gebäude entsorgen wollte, ohne es einfach abreißen zu lassen. Wie wir es in solchen Fällen immer tun, erkundigten wir uns bei der Vorbesprechung bei den Auftraggebern, wie viel ihnen ihrer Ansicht nach das Gebäude noch einbringen würde.

»Einbringen?«, fragten sie erstaunt zurück. »Der Abriss kostet uns mehr als eine Million!«

Das Gebäude war bereits vollkommen abgeschrieben, und die Firma ging davon aus, dass es »wertlos« sei. Das war es mitnichten. Innerhalb von zwei Wochen identifizierten, dokumentierten und bewerteten wir sämtliche sich im Gebäude befindlichen Materialien und verwandelten es dadurch in eine »Mine«. Wir ermittelten einen Materialienwert von ungefähr 600.000 Euro – und das für ein Gebäude, das ohne unsere Mitwirkung achselzuckend für mehr als eine Million Euro dem Erdboden gleichgemacht worden wäre!

Nachdem nun fast alle Materialien mit einer Identität ausgestattet worden waren, spielte auch das Abrissunternehmen eine ganz andere Rolle. Seine Aufgabe war es jetzt, die Werte zu sichern.

Auf einer Konferenz trafen wir letztens einen Bauunternehmer aus Vorarlberg. Er erzählte uns, dass er sich bei der Erstellung eines Gebäudes bereits heute das Vorkaufsrecht für die Materialien zum Zeitpunkt des Abrisses im Grundbuch eintragen lässt. Allmählich ahnt man wohl, welche Werte sich in einem Gebäude verbergen.

2. Gebäude werden zu Materialdepots

Dank eines Materialpasses kann ein Gebäude neben der Funktion als Materialmine eine zweite Funktion bekommen: die als Materialdepot. Der Unterschied? Zur Materialmine wird ein Gebäude erst nachträglich. Das Materialdepot entsteht durch Voraus-Denken: Hier wird bereits beim Bau eines Gebäudes im Materialpass festgelegt, welche Materialien wo verwendet werden, sodass sie bei Bedarf problemlos entnommen werden können.

Das ist natürlich weitaus effektiver als das nachträgliche Inventarisieren. Listet man bereits in der Planungsphase auf, welche Materialien man einsetzen wird, kann man Entwurf und Bautechnik so gestalten, dass das gesamte Gebäude wiederverwertbar wird, weil alle Materialien ohne Wertverlust herausgelöst werden können. Auf diese Weise entsteht ein vollkommen neuer Markt für wiederverwertbare Produkte, Komponenten und Materialien. Dadurch lassen sich in Zukunft Bau, Renovierung und Rückbau eines Gebäudes immens erleichtern und die Idee eines Materialdepots verwirklichen – als eine Option mit Zukunft!

Ein solches Materialdepot entstand 2013 mit koordinierender Unterstützung von *Turntoo* in Zusammenarbeit mit dem Bauunternehmen *VolkerWessels Vastgoed*. Für das Netzwerkunternehmen *Alliander*, ein innovatives Unternehmen im Bereich digitaler Energieinfrastruktur, entwarfen wir mit unserem RAU-Architekten-Team in der niederländischen Gemeinde Duiven, auf halbem Weg zwischen Oberhausen und Amsterdam gelegen, ein neues Bürogebäude. In dem *Nieuwgraaf Business Park* sollten 1.550 Mitarbeiter auf innovative und nachhaltige Weise zusammenarbeiten können. Auch unter rein ästhetischen Gesichtspunkten ist das Ergebnis spektakulär, bei dem fünf bestehende Gebäude zu einem Komplex verknüpft und durch eine gläserne »Klimahülle« ergänzt wurden. Doch auch der Prozess der Entstehung war innovativ, insofern als der Entwurf in »Co-Creation« zwischen dem Konsortium und den Alliander-Mitarbeitern erarbeitet wurde.

Fünf Themen standen im Mittelpunkt der Neugestaltung des Gebäudes: neue Arbeitswelten, Energiepositivität, Beziehung mit der Region (später als Grüne Allianzen bezeichnet), Integralität und Kreislauffähigkeit. Letzteres steht für die Ideen der Circular Economy. Als »Aktiv-Haus« produziert der Gebäudekomplex mehr als seinen eigenen Energiebedarf: 15 Jahre lang werden auch die Nachbarn garantiert mit Energie versorgt. Der Kreislaufgedanke hielt bei der Konstruktion des Komplexes aber auch Einzug beim Umgang mit Materialien.

Bereits in der Planungsphase wurde in einem Materialpass präzise dokumentiert, welche Materialien im Gebäude verarbeitet werden sollten. Gleichzeitig wurde alles so konstruiert, dass sämtliche Materialien und Einzelkomponenten dann, wenn das Gebäude irgendwann nicht mehr benötigt würde, ohne Wertverlust wieder »geerntet« werden können.

Die stählerne Dachkonstruktion entwickelten und realisierten wir in Zusammenarbeit mit einem Ingenieur für den Bau von Achterbahnen. Denn ein Achterbahnbauer, der darauf achten muss, dass der Schausteller sein Fahrgeschäft jedes Wochenende auf- und abbauen und zum nächsten Standort transportieren muss, ist darauf bedacht, mit möglichst geringem Materialaufwand ein »Depot« zu erstellen. Jedes Extrakilo Material geht auf Kosten des Geschäftsmodells des Schaustellers. Ingenieur und Schausteller denken in Mobilität und nicht in Immobilität. Ergebnis im *Nieuwgraaf Business Park*:

Das Dach ist vollkommen re-installierbar und benötigte 35 Prozent weniger Stahl als eine herkömmliche Stahlkonstruktion.

Zusammengefasst setzten wir im *Alliander*-Gebäude drei unserer Basisforderungen um:

1. Wir berücksichtigten die Zeitlichkeit als Option – keiner weiß im Voraus, wie lange man ein Gebäude in seiner momentanen Gestalt benötigt.
2. Wir identifizierten alle verwendeten Materialien durch einen dokumentierten Identitätsausweis, den Materialpass.
3. Wir entwarfen und bauten das Gebäude als Materialdepot.

Damit entspricht das Gebäude den Grundsätzen einer Mobilie in einem geschlossenen System. Eine gebaute Option mit Zukunft.

3. Gebäude könnten zu Materialbanken werden

Haben wir einmal verstanden, dass ein Gebäude ein Materialdepot sein kann, dann ist klar, dass wir die im heutigen Wirtschaftssystem übliche Praxis, Gebäude auf einen Nullwert abzuschreiben, aufgeben müssen.

Beim Turntoo-Modell wird der Wert von Gebäuden nicht mehr im Nachhinein abgeschrieben, sondern im Vorhinein aufgeschrieben. Ein wertschöpferischer Akt. Inventarisieren wir die Materialien nicht nur, sondern behalten deren Wertentwicklung im Auge, bestimmen sie laufend neu und registrieren sie ständig, dann zeigt sich, dass ein Gebäude im Grunde so etwas wie eine »Materialbank« ist.

Der gesicherte Materialwert eines Gebäudes, das heißt, die Werte aller vorübergehend im Gebäude lagernden Rohstoffe zusammengenommen, liegt bei etwa 15 bis 20 Prozent der Baukosten. Der tatsächliche wirtschaftliche Wert kann den bloßen Materialwert zum Zeitpunkt der Wiederverwertung um ein Vielfaches übersteigen. Das alles wird sich jedoch erst mit der Zeit erweisen. Zwar gehen Werte wie Arbeit und Energie verloren, aber diese werden ja von »Unlimited Sources« gespeist und sind also erneuerbar. Entscheidend sind die »Limited Resources«: Entwurf, Errichtung und Unterhalt eines Gebäudes müssen sicherstellen, dass alle beim Bau verwendeten Materialien beim »Abbau« des Gebäudes wieder zur Verfügung stehen. Nur so kann der höchste Materialwert gesichert werden. Zudem entsteht bei der Finanzierung eines neuen Gebäudes eine zusätzliche Sicherheit, ein Grund, warum sich Banken sehr stark für unsere Arbeit interessieren.

Die bisher umfassendste Umsetzung eines solchen Materialpasses mit anschließendem Monitoring der Materialwertentwicklung findet gerade beim Neubau der Hauptniederlassung für die Triodos Bank Nederland in Zeist (NL) statt. Die Triodos Bank wurde 1980 in den Niederlanden gegründet mit dem Ziel, eine nachhaltige Bankenkultur zu begründen. Sie entstand aus einer Initiative sozial engagierter Menschen aus der Wirtschafts- und Finanzwelt der Niederlande, die sich formiert hatte, um herauszufinden, wie Geld nachhaltig verwaltet werden kann. Seitdem hat die Triodos Bank auf vielen Gebieten Pionierarbeit geleistet, sei es bei der Finanzierung erneuerbarer Energien, Mikrofinanzierung oder grünen Finanzfonds. Die Financial Times erklärte Triodos vor einigen Jahren zur nachhaltigsten Bank der Welt.

So verwundert es nicht, dass auch die Gebäude der Bank diesen Geist ausstrahlen sollen. Bereits 1996 durfte RAU-Architekten die erste Hauptgeschäftsstelle der Bank realisieren, als sich die Bank zum ersten Mal in ihrer Geschichte ein eigenes Gebäude erstellen ließ. Es wurde selbstverständlich das damals nachhaltigste Gebäude der Niederlande, energieoptimiert und mit einer Fassade aus wiederverwendetem Backstein.

2019 wird die Bank zum dritten Mal ein von RAU-Architekten entworfenes Gebäude eröffnen. Dieses Gebäude wird exakt gemäß den Prinzipien des Turntoo-Modells errichtet. Die hölzerne Tragkonstruktion des Baus kann vollständig demontiert und an anderer Stelle neu aufgebaut werden. Alle verwendeten Materialien wurden nach strengen Kriterien für Kreislauffähigkeit ausgewählt und in einem Materialpass festgelegt. Der Wert dieser Materialien wird außerdem laufend überprüft. Es ist keine *Immobilie*, sondern eine überprüfte *Mobilie*, also ein Gebäude als Materialbank mit Zukunft: gewissermaßen eine Bank in einer Bank.

Das Madaster – eine Instanz für die Registrierung von Materialien

Damit der Materialpass als Dokument tatsächlich einen Wert bekommt, muss er wie jeder andere Pass – egal ob Material- oder Personenpass – von einer offiziellen Instanz anerkannt werden. Erst in irgendeiner Weise offiziell anerkannt und registriert, ist er wirklich gültig.

Betrachten wir uns doch mal eine andere registrierte, dokumentierte und archivierte »Limited Edition«, die Oberfläche unseres Planeten. Für sie gilt das Gleiche wie für die Gesamtheit der Materialien, die unsere Erde beherbergt: Beide sind begrenzt und dadurch von unermesslichem Wert, weshalb beide auch genau vermessen, beschrieben und katalogisiert werden müssen. Wir alle kennen den Weltatlas, in dem wir jedes Detail über ein beliebiges Land nachschlagen können: wo es liegt, wie groß es ist und wie seine Grenzen verlaufen. Manchmal ändert sich der Grenzverlauf dieser Länder, doch die Gesamtoberfläche der Erde bleibt stets gleich, etwa 510 Millionen Quadratkilometer. Davon sind etwa siebzig Prozent Wasser und dreißig Prozent Land. Viele Länder erstellen außerdem eine Dokumentation von einzelnen Gebieten innerhalb ihrer Grenzen. Sie registrieren, dokumentieren und archivieren sie in einem »Grundbuch« oder »Kataster«.

Der Begriff Kataster kam über das französische Wort *»cadastre«* ins Deutsche, sein Ursprung liegt etymologisch beim griechischen Wort κατάστιχον – *katástichon* (deutsch »Liste, Register, Geschäftsbuch«). Daher bezieht sich Kataster nicht allein auf Land, sondern es kann jede systematische Auflistung von gleichartigen Gegenständen als Kataster bezeichnet werden, zum Beispiel Baumkataster, Jagdkataster, Weinkataster. Im Lateinischen wurde der Begriff »*cadasta*« (deutsch »Stapel, Stoß, Menge«) für ein Schaugerüst zur Ausstellung verkäuflicher Sklaven verwendet.

Die ältesten Kataster für Liegenschaften gehen auf die römische Zeit zurück, aber mit dem Zerfall des Römischen Reiches gerieten sie in Vergessenheit. Um im Zuge der *égalité* (Gleichheit) die Basis für eine einheitliche Grundsteuer zu schaffen, wurden in Frankreich nach der Französischen Revolution Grundstücke vermessen und ein Liegenschaftsverzeichnis erstellt. Napoleon ordnete eine solche Vermessung 1808 auch in den rechtsrheinischen Provinzen und Flandern an. 1819 schloss sich das Königreich Preußen dieser Verfahrensweise mit einer entsprechenden Instruktion an.

Im heutigen Sprachgebrauch bezeichnet der Begriff Kataster im engeren und traditionellen Sinne das sogenannte Liegenschaftskataster, ein Grundstücksverzeichnis, das auf Vermessungsdaten beruht. Ein Liegenschaftskataster besteht aus einer Sammlung von Katasterbüchern, Katasterkarten und Katasterzahlen sowie weiteren beschreibenden Details.[6] In Deutschland liegen Zuständigkeit und Datenpflege bei dem zuständigen Katasteramt oder den Vermessungsämtern.

Ein Kataster, das ist weltweit die Grundlage für Rechtssicherheit, für sichere Investitionen, für wirkungsvollen Umweltschutz. Ohne Liegenschaftsregister haben Willkür und Korruption in jedem Land der Welt leichtes Spiel. Es bewahrt die Mitglieder dieser Gesellschaft davor, dass ein Mensch im Garten eines anderen Menschen einfach eine Scheune errichtet, oder verhindert, dass das Familienzuhause abgerissen wird, weil die angrenzende Fabrik sich erweitern will. Im Kataster ist niedergelegt, wie groß ein Grundstück ist, wem es gehört und seit wann. Damit ist ein Kataster eine standardisierte, aber gleichzeitig auch dynamische Datenbibliothek, mit deren Hilfe dokumentiert wird, welches Grundstück zu welchem Zeitpunkt wem gehört. In Deutschland gibt es keinen Quadratmeter Grund, der nicht im Kataster erfasst ist. Die Registrierung im Kataster bewahrt Grundeigentümer nicht nur vor Unannehmlichkeiten, sondern ist auch gesetzlich verpflichtend. Aus gutem Grund.

Griechenland ist der einzige EU-Staat, der kein nationales Kataster hat. Obwohl die EU schon seit 1995 Millionen Subventionen für den Aufbau eines zusammenhängenden Liegenschaftsregisters bereitgestellt hat, sind bisher nur etwa acht Prozent der Landfläche registriert und etwa 29 Prozent der Besitztitel. Bisher wissen weder der Staat noch Unternehmen, Landwirte und Privatleute genau, welche Flächen wem gehören, dies beschäftigt ein ganzes Heer von Anwälten und Richtern mit unzähligen Auseinandersetzungen vor Gericht. Der Staat kann keine Grundsteuer erheben, Investoren sind zurückhaltend, solange ihre Eigentumsrechte nicht rechtskräftig festgelegt werden können. Steuerhinterziehung und der Bau illegaler Häuser wurden durch das Fehlen eines Katasters begünstigt. Dazu gibt es private Firmen, die Grundbücher für die Bürger führen, ob sie die dem Staat zustehenden Einnahmen bei Eintragungen stets vollständig abgeführt haben, ist zweifelhaft. Selbst das lang angekündigte kommunale Kataster für die Stadt Athen wird wohl erst im Herbst 2018 fertig werden.[7]

Anonymität ist oft ein Freibrief für illegale Machenschaften; das gilt sowohl für den Umgang mit Menschen als auch für den Umgang mit Land oder Materialien. Wenn man sich den großen Dunkelbereich illegaler Müllgeschäfte vor Augen führt, ist es nicht übertrieben, hier eine Parallele zu ziehen.

Will man Materialien, mehr als es heute geschieht, in unserem Wirtschaftssystem auf Dauer erhalten, muss ihre Identität übersichtlich, übertragbar und nachprüfbar sein. Das bedeutet, dass wir sie mit einem Materialpass ausstatten müssen. Es bedeutet aber auch, dass wir diese Pässe an einem zentralen Ort registrieren müssen – in einer Art Personenstandsregister für Materialien.

Aus diesem Grund haben wir am 17. Februar 2017 ein Kataster für Materialien gegründet: »das Madaster«. Da Madaster den Anspruch hat, sich zu einem internationalen Standard zu entwickeln, haben wir eine Schreibweise gewählt, die den verschiedenen Sprachen entgegenkommt: Madaster mit »d«.

Madaster ist eine öffentliche Datenbank, in der Identität und augenblicklicher Verbleib von Materialien in Form von Materialpässen erfasst werden, danach werden sie in einem zentralen Archiv registriert und archiviert. So können wir gewährleisten, dass die Identität von Materialien gewahrt und respektiert wird.

Registrierung, Dokumentierung und Archivierung von Materialien in einer immer komplexer werdenden Welt ist kompliziert und der damit verbundene Arbeitsaufwand enorm. Glücklicherweise nahmen in den letzten Jahrzehnten mit der Komplexität unserer Welt auch unsere technischen Möglichkeiten zu. Prozesse, die in der Vergangenheit von Menschen durchgeführt werden mussten, werden heute Automaten und Computern überlassen.

Eine effektive Automatisierung aber erfordert ein bestimmtes Maß an Standardisierung. Würde in einer Bibliothek jeder Bibliothekar oder jede Bibliothekarin nach einer eigenen Methode archivieren, herrschte darin ein schönes Durcheinander. Keiner übersähe den Bestand der Bibliothek oder wüsste, ob sie noch vollständig wäre. Um Standards für die Dokumentation von Materialien zu setzen, haben wir die »Madaster Foundation« gegründet, eine unabhängige Non-Profit-Organisation mit dem Auftrag, eine öffentliche Online-Plattform für Materialdaten zu gestalten. Die Gründer der Madaster Foundation sind Experten aus unterschiedlichen Sektoren wie Bau, IT, Finanzen und Prozessmanagement, finanziell und fachlich unterstützt von 33 Organisationen. Ziel der *Madaster Foundation* ist die hundertprozentige Eliminierung von Müll durch die (zentrale) Erfassung aller Materialien. Auf diese Weise setzen wir unsere wichtigste Forderung in die Tat um: Wir machen durch Daten, Intelligenz und Energie das Endliche unendlich verfügbar.

Ein Materialpass listet beispielsweise die Eigenschaften aller in einem Gebäude verarbeiteten Materialien auf: Er verzeichnet den Ort, wo sie sich befinden, gibt an, wie viel sie wert sind und wie sie wiederverwertet werden können. Ein »Circularity Index« deutet an, in welchem Maße der Entwurf und die Verarbeitung der Materialien ihre Wiederverwertbarkeit garantieren. Das Programm analysiert automatisch die gespeicherten Gebäudedaten, die gemeinhin auf einem digitalen Building Information Model (BIM) beruhen. Anhand von vorab definierten Kriterien beurteilt das Programm Material, Materialzusammensetzung, konstruktive Verbindungen und anderes mehr.

Dies wiederum schlägt sich in der finanziellen Bewertung nieder, die ebenfalls durch die Software der Plattform erstellt wird. Die Plattform verfügt über einen komplexen Algorithmus, der aufgrund von aktuellen und historischen Finanz- und Marktkennzahlen den aktuellen Materialwert des Gebäudes errechnet. Wir erwarten, dass der Circularity Index den Entwurf von Gebäuden in Bezug auf ihre maximale Wiederverwertbarkeit beeinflussen wird. Je höher der *Circularity Index* eines Gebäudes, desto höher der Wert der verbauten Materialien zum Zeitpunkt des Auslaufens der Option »Gebäude«.

Auf diese Weise entsteht ganz allmählich ein umfangreiches Depot materieller Daten, geordnet nach ihrem Standort; eine öffentliche Materialbibliothek für die gebaute Umgebung. Seit dem 29. September 2017 ist die Plattform online, zugänglich für Privatpersonen, Firmen, Behörden und Wissenschaftler. Durch dieses öffentlich zugängliche Madaster legen wir die gesicherte Basis dafür, dass Materialien nicht mehr in der Anonymität enden. Wir verwandeln unsere Gebäude in Materialminen, -depots und -banken.

Natürlich lässt sich das auch mit Materialien anderer Produkte durchführen. Nicht nur ein Gebäude, sondern jedes Produkt ist ein Konglomerat aus Rohstoffen. Deshalb arbeiten wir gerade daran, das Madaster auf die Bereiche der Infrastruktur und der allgemeinen Produkte auszuweiten. Schließlich brauchen wir eine Bibliothek für alle Materialien.

Wenn uns das gelingt, wird sich unsere Ökonomie entscheidend verändern. Materialien werden mit einer dauerhaften Identität ausgestattet, die beim Madaster registriert ist. Von der Tragweite dieses Konzeptes für unser Wirtschaftssystem ist auch die Jury des Digital Top 50 Awards überzeugt, der von Google, McKinsey und Rocket Internet vergeben wird. Im Juni dieses Jahres wurde Madaster mit den Digital Top 50 Award for Social Impact ausgezeichnet. Doch eine Frage ist noch offen: Können wir die Identität von Materialien überhaupt zusichern, ohne dass wir über ihre Rechte nachdenken?

8.

DIE ALLGEMEINE ERKLÄRUNG DER MATERIALRECHTE ODER: WAS WÄRE, WENN ROHSTOFFE RECHTE HÄTTEN?

»Das einzige ständige UN-Mitglied
mit ultimativem Vetorecht ist die Natur.«
ERIK DE RUIJTER

Dass Menschen Rechte besitzen, halten wir für selbstverständlich. Doch welche Rechte besitzen eigentlich die Materialien, die uns das Leben überhaupt erst ermöglichen? Sie wurden niemals niedergeschrieben. Daran wollen wir etwas ändern – und zwar genau am 10. Dezember 2018, also auf den Tag genau siebzig Jahre nach einem anderen weltverändernden Ereignis.

Am 10. Dezember 1948 kam es zu einer weltberühmten Unterschrift. Drei Jahre zuvor, im Herbst 1945, waren die Vereinten Nationen gegründet worden. Nach den Erfahrungen des Zweiten Weltkriegs wollte man die zukünftigen Generationen vor den zerstörerischen Folgen internationaler Konflikte schützen, wie sie damals in vielen Teilen der Welt spürbare Wirklichkeit waren. Die Vereinten Nationen setzten sich aus sechs Hauptorganen zusammen, unter ihnen die UN-Generalversammlung, der internationale Gerichtshof, der UN-Sicherheitsrat und der Wirtschafts- und Sozialrat (ECOSOC).

Die ECOSOC hat unter anderem die Aufgabe, Kommissionen zusammenzustellen, die auf wirtschaftlicher und sozialer Ebene die Förderung der Menschenrechte anregen sollen. Eine dieser Kommissionen war die UN-Menschenrechtskommission, deren erste Vorsitzende Eleanor Roosevelt, die Frau des damaligen US-Präsidenten, war. Vertreter aus aller Welt versammelten sich, um erstmals in der Geschichte der Menschheit eine »Allgemeine Erklärung der Menschenrechte« zu formulieren.

Am 10. Dezember 1948 wurde das Dokument von den Vereinten Nationen offiziell angenommen. Die UN-Generalversammlung rief alle Mitgliedstaaten dazu auf, den Text der Erklärung zu veröffentlichen, um »zu bewirken, dass dieser verbreitet, zur Schau gestellt, gelesen und in Schulen und anderen Lehranstalten erklärt wird – unabhängig vom politischen Status von Ländern oder Gebieten«.[1] Heute ist die »Universal Declaration of Human Rights« (UDHR), die Allgemeine Erklärung der Menschenrechte, das meistübersetzte Werk der Welt.

Dass jeder Mensch nur aufgrund seines Menschseins richterlichen Schutz in Anspruch nehmen kann, ist also, verglichen mit dem Alter der Menschheit, erst seit relativ kurzer Zeit möglich. Zwar liegen die Menschenrechte den Traditionen und Dokumenten vieler Kulturen zugrunde, doch erst vor ungefähr einem halben Jahrhundert wurden sie international verhandelt und schließlich festgelegt. Davor leiteten die Menschen ihre Rechte hauptsächlich von ihrer Zugehörigkeit zu einer Gruppe ab: einer Familie, einem Volk, einer Religion, einer Klasse, einer Gemeinschaft oder einem Staat. Diese Rechte wurden von den Regierungen der einzelnen Staaten zugesichert. Verlor ein Mensch seine Zugehörigkeit zur Gruppe, die der Staat bildete, also seine Staatsangehörigkeit, verfielen seine Rechte.

Die Allgemeine Erklärung der Menschenrechte hatte viele Vorgänger: Die Magna Carta (1215), die English Bill of Rights (1689), die französische Déclaration des Droits de l'Homme et du Citoyen (1789) und die amerikanische Constitution and Bill of Rights (1791). Doch die rechtliche Handhabe dieser Erklärungen reichte nur bis an die Grenzen des jeweiligen Staatsgebiets, und oft waren große Bevölkerungsgruppen davon ausgeschlossen: Frauen, Menschen mit anderer Hautfarbe, bestimmte religiöse, politische oder wirtschaftliche Gruppierungen usw.

Die Formulierung der Allgemeinen Erklärung der Menschenrechte war also ein großer Schritt in Richtung einer Welt, in der kein Mensch mehr in einer rechtlosen Situation verkehren muss. Keinem Menschen kann das »Mensch-Sein« abgesprochen werden. Zwar ist die allgemeine Erklärung der Menschenrechte kein völkerrechtlich verbindliches Abkommen, aber wichtige Artikel der Allgemeinen Erklärung der Menschenrechte wurden in zwei internationalen Pakten über bürgerliche und politische Rechte sowie über wirtschaftliche, soziale und kulturelle Rechte übernommen. Diese Bestimmungen haben dadurch den Rang bindender internationaler Abkommen erhalten.

Auch Material braucht ein Recht auf Rechte

Weltweit besitzen Millionen Menschen keine Staatsangehörigkeit oder Nationalität. Juristisch gesehen, gehören sie nirgendwo dazu und besitzen nur eingeschränkt Rechte. Dadurch werden sie leicht Opfer von Ausbeutung und Diskriminierung und laufen Gefahr, abgeschoben zu werden – Grund für große Besorgnis bei der UN, der EU und dem Europarat. Für die meisten Menschen ist die Nationalität ein Fakt, wovon sie sogar einen Teil ihrer Identität ableiten, beispielsweise bei einer Fußball-Weltmeisterschaft. Diese Nationalität verleiht uns aber auch das fundamentale Recht, im »eigenen Land« zu bleiben und immer wieder dahin zurückzukehren. Das zieht zahlreiche Rechte nach sich: Rechte sozialer Art – Wohnraum, Erziehung, Versorgung – oder wirtschaftlicher Art wie der Zugang zum Arbeitsmarkt. Nicht umsonst wird das Recht auf Nationalität auch das »Recht auf Rechte« genannt.[2]

Viele staatenlose Menschen können ihre Rechte auf Grundlage einer Staatenzugehörigkeit nicht in Anspruch nehmen, weil es diesen Staat zum Beispiel nicht mehr gibt. Ihnen fehlt dann das wichtigste aller Dokumente: ein gültiger Pass oder Identitätsausweis. Vereinfacht gesagt, stellt die Registrierung der Identität (Pass) eine Art Mitgliedschaft in einem bestimmten Kreis (Nation) dar, wovon die einzelnen Mitglieder (Bürger) spezifische Rechte ableiten.

Menschenrechte aber, wie sie in der UDHR eingefordert werden, existieren unabhängig von der Nationalität. Sie schützen jeden Menschen, ob Staatsbürger oder nicht. Ihre Grundlage ist das Mensch-Sein, damit sind sie so etwas wie ein Naturrecht. Gleichzeitig besagt Artikel 15 der UDHR, dass jeder Mensch das Recht auf eine Nationalität und dadurch auch auf einen Pass besitzt. Somit besitzt jeder Mensch das Recht auf Rechte.

Ähnlich wie die Rechte des Menschen vor Verabschiedung der Menschenrechte durch die UN an eine bestimmte Rolle gebunden waren, so sind es derzeit auch die Rechte von Materialien. Nicht an die Rolle innerhalb einer Gruppe oder Gruppenidentität, sondern an die Rolle als »Produktionsmittel« oder an die zeitweilige Zugehörigkeit zu einer Gruppe von Materialien, die ein Produkt bilden. Verlieren Materialien ihre Rolle (zum Beispiel als Halbfabrikat) oder ihre Gruppenidentität (beispielsweise als »Laptop« oder »Gebäude«), enden sie in der Anonymität. Sie »besitzen« keine Identität mehr und werden deshalb, im übertragenen Sinn, staatenlos.

Auf diese Weise gehen massenhaft Materialien verloren. Material ohne Identität wird schlichtweg Müll, und in dessen Anonymität hat alles den gleichen Wert, nämlich keinen. Der Materialpass als Identitätsausweis für Materialien soll genau das verhindern.

Alles ist gleich wichtig – eine Gesetzmäßigkeit der Natur

Die UDHR hat es zu einer Selbstverständlichkeit werden lassen, dass wir über Rechte verfügen, die unabhängig von unserer durch offizielle Papiere dokumentierten Identität existieren. Rechte, die sich schlicht von der Tatsache ableiten, dass wir Menschen sind. Die Erfahrungen der Grausamkeiten des Zweiten Weltkriegs und das Wissen um die vernichtende Kraft der Atombombe, die der Menschheit klarmachte, dass sie die Möglichkeit zur Selbstauslöschung besitzt, führten zu einer Anerkennung dieser fundamentalen Rechte.

Doch gegenwärtig gibt es einen weiteren Vernichtungsprozess, der, ohne zu übertreiben, mit der Zerstörungskraft des Zweiten Weltkriegs verglichen werden kann: die Zerstörung der Natur durch die Vernichtung fruchtbaren Bodens, durch den Klimawandel oder die »*Plastic Soup*« – über fünf Billionen Plastikteilchen, die in den Ozeanen treiben und nicht nur das maritime Leben bedrohen.[3] Sollte sich an unserer heutigen Praxis nichts ändern, so wird es 2050 mehr Plastik als Fisch in den Ozeanen geben[4]. Ganz zu schweigen von der weiterhin bestehenden Bedrohung durch Atomwaffen gefährdet unser heutiger Umgang mit der Natur die Fortexistenz der Menschheit.

Auch Materialien werden wie Menschen Opfer von Gewalt und Willkür: Obwohl sie wie die Natur die Grundbedingung für das menschliche »Dasein« und Leben schaffen, werden sie unbrauchbar gemacht, missbraucht, verbrannt und ausrangiert. Da sie keinen rechtlichen Schutz genießen, werden sie straflos und systematisch vernichtet. Wenn wir jedoch erkennen, dass Materialien unverzichtbar sind für unser Wohlergehen, können wir sie nicht länger nur als Einwegbrennstoff für unsere Linearwirtschaft betrachten und behandeln.

Streben wir wirklich eine Erntegesellschaft an und damit eine Ökonomie, die auf einer gesunden Beziehung zwischen Mensch und Erde beruht, dann folgt daraus zwangsläufig, dass auch Materialien allgemeine Rechte erhalten müssen: ein »Naturrecht« für alles, was das »Sein« bedingt. Der Grundsatz »Alle Menschen sind gleich« unterscheidet sich nicht wesentlich vom Grundsatz »Alles ist gleichermaßen wichtig« – eine Gesetzmäßigkeit der Natur. Der

Mensch hat das Recht auf Würde und Souveränität, die Materialien haben ein Recht auf Würde und Nutzbarkeit. Aus diesem Grund plädieren wir für eine »Universal Declaration of Material Rights« – die UDMR!

Die in einer solchen Deklaration dargelegten Rechte könnten sich konzeptuell an den Rechten orientieren, wie wir sie von den Menschenrechten her kennen. Das Recht auf Identität verhindert dann, dass Material zu Müll wird, genauso wie das entsprechende Menschenrecht verhindern soll, dass ein Flüchtling in die Illegalität abgleitet. Genauso wenig wie wir es zulassen wollen, dass Menschen missbraucht werden oder eine unwürdige Behandlung ertragen müssen, sollten wir es ebenso wenig dulden, dass Material seine Nutzbarkeit verliert. Aber genau dies geschieht in großem Umfang, Material wird unter anderem auch deswegen zu Müll, weil es unter Einfluss chemischer Prozesse so verändert wird, dass es nur für eine einzige Anwendung brauchbar ist, danach ist das Material für immer verloren, sein Recht auf Reinheit und Nutzbarkeit wurde verletzt.

Hier geht es um eine Änderung des Blickwinkels, sowohl in ethischer als auch in praktischer Hinsicht. Die Anerkennung der UDMR wird dazu führen, dass wir unsere Haltung zu Materialien, Rohstoffen und Natur überdenken, dass wir wieder Respekt bekommen für die Dinge, die unser Leben bedingen, und dass wir Verantwortung übernehmen für die langfristigen Folgen unseres Handelns.

Nach einer Anerkennung der UDMR können Materialien praktisch nicht mehr verloren gehen, denn ihr »Material-Sein« verleiht ihnen das Recht auf den Besitz eines Identitätsausweises. Das bringt uns unserem Idealziel der unendlichen Verfügbarkeit und Nutzbarkeit von Rohstoffen und Materialien aus den endlichen, physischen Ressourcen unseres geschlossenen Systems näher.

Unser Umgang mit Rohstoffen verursacht Kriege

Unser bisher üblicher Rohstoff- und Materialverbrauch hat gravierende wirtschaftliche, ökologische und politische Folgen, sowohl kurz- als auch langfristig betrachtet. Diese Folgen bedrohen die Fortexistenz der Menschheit nicht minder als militärische Massenvernichtungswaffen. Doch mit der Geopolitik gibt es einen Bereich, wo Menschen- und Materialrechte unmittelbar aufeinandertreffen: Hier wird über Krieg und Frieden entschieden.

Der Kampf um die Rohstoffe liegt vielen tödlichen Konflikten zugrunde. Holz aus Liberia, Diamanten aus Sierra Leone und Gold und Kobalt aus dem Kongo – die Rohstoffe spielen eine wichtige Rolle in Afrikas grausamen Bürgerkriegen. Internationale Thinktanks warnen schon seit Jahren vor wachsenden geopolitischen Spannungen im Zusammenhang mit dem Zugang zu Rohstoffen wie Wasser und fruchtbarem Boden.

Unser Umgang mit den Rohstoffen ist alles andere als unpolitisch und betrifft weitaus mehr als nur die Umweltverschmutzung: Er verursacht Kriege, Kinderarbeit, erbärmliche Arbeitsbedingungen oder Armut und beeinflusst das Leben von Millionen Menschen auf der ganzen Welt. Würden sich unsere Ökonomien von der Zufuhr seltener Rohstoffe aus diesen Konfliktgebieten unabhängiger machen, hätte das große politische und soziale Auswirkungen. Denn wir gewinnen diese Rohstoffe mit großen Kollateralschäden an Mensch und Natur, nur damit sie nach einer kurzen Nutzphase auf der Müllkippe landen.

Auf diese Weise sind die Rechte des Menschen und die Rechte des Materials nicht nur konzeptuell, sondern auch real untrennbar und unmittelbar miteinander verbunden. Die Verletzung der Natur bedeutet eben oftmals auch Verletzung der Menschenrechte, und umgekehrt: Bei Kriegen werden beispielsweise durch chemische Waffen oder Landminen viele Hektar fruchtbaren Bodens vernichtet.

Wir glauben deshalb, dass es nicht genügt, die Demokratie und Ökologie zu ökonomisieren, wie dies heute in großem Maßstab geschieht, sondern dass wir umgekehrt die Ökonomie demokratisieren und »ökologisieren« müssen, und zwar in Übereinstimmung mit den Gesetzen der Natur. Schützen wir unsere Materialien und behandeln sie, wie wir selbst behandelt werden wollen, dann können wir sie ewig nutzen und damit der zukünftigen wie auch der gegenwärtigen Menschheit eine lebenswerte Umwelt sichern.

Wir sind nur Vermögensverwalter für die Rohstoffe der Erde

Wir können uns die Zeit ohne Menschenrechte nicht mehr vorstellen: Menschenrechte stehen auf den Tagesordnungen fast aller politischen und diplomatischen Unterhandlungen und haben bereits zu einem veränderten Umgang der Menschen untereinander geführt. Mit der UDMR wollen wir Ähnliches für Materialien erreichen. Aus diesem Grund werden wir am 10. Dezember 2018, am siebzigsten Jahrestag der UDHR, zum Hauptquartier der Vereinten Nationen in New York reisen und die UDMR dort vorlegen, begleitet von der Botschaft: Die Erde ist die einzige rechtmäßige Besitzerin aller Materialien – es gibt nur ein einziges »ständiges Mitglied«, das über ein Vetorecht verfügt: die Natur.

Diese Botschaft bringt uns den Zielen des Turntoo-Modells näher. Wenn wir nämlich erkennen, dass wir Materialien behandeln müssen, wie wir selbst behandelt werden wollen, dann folgt daraus eine radikale Schlussfolgerung: Kein Mensch hat das Recht, Materialien unseres geschlossenen Systems zu besitzen.

So wie die Allgemeine Erklärung der Menschenrechte festlegt, dass kein Mensch Eigentum eines anderen Menschen werden kann, behält mit der Allgemeinen Erklärung der Materialrechte die Erde ihr Recht auf Souveränität und ist die einzige rechtmäßige Eigentümerin aller Materialien. Das bedeutet nicht, dass wir uns der für uns funktionellen Eigenschaften der Materialien nicht mehr bedienen dürfen. Die Menschenrechte hindern uns ja auch nicht daran, unsere Talente und Fähigkeiten für das Allgemeinwohl einzusetzen. Es heißt aber, dass wir uns als Vermögensverwalter für die Materialien unserer Erde verstehen müssen und dass Eigentum im Sinne einer absoluten »Sachherrschaft« für immer der Vergangenheit angehört.

Oder frei übersetzt nach dem Motto eines berühmten Schweizer Uhrmachers: Man kann Material nicht besitzen, sondern nur für die kommenden Generationen verwalten.

9.

MATERIAL ALS SERVICE ODER: DAS MATERIAL UND DER HAUBERG

»Dies Haus ist mein und doch nicht mein.
Der nach mir kommt, kann's auch nur leih'n.
Und wird's dem Dritten übergeben,
er kann's nur haben für sein Leben.
Den Vierten trägt man auch hinaus,
sag, wem gehört nun dieses Haus?«

Hausinschrift
aus dem Brohl- und Vinxtbachtal

In unserem Familienbesitz befindet sich ein besonderes Stück deutscher Forstgeschichte. Thomas' Großeltern mütterlicherseits sind Siegerländer und besaßen eine Landwirtschaft in Müsen. Eine der Aufgaben, die sein Großvater übernommen hatte, nannte sich Vorsteher des Haubergs. Ein Hauberg ist eine im Mittelalter entstandene genossenschaftliche Form der Waldwirtschaft, die sich bis heute erhalten hat. Schon in keltischer Zeit wurde im Siegerland Erz gewonnen. Das Holz der umstehenden Wälder gebrauchten die Kelten für die Verhüttung von Eisenerz. Im Laufe der Jahrhunderte verwandelte sich der ehemals dichte Wald in eine kahle Ebene, und es sollte 800 Jahre dauern, bis der Wald wieder zurückgekehrt war. Ab dem neunten Jahrhundert besiedelten die Franken das Siegerland und begannen erneut, den Wald für den Bergbau zu roden.

Auch dieses Mal entstanden bereits erste Kahlschläge. Doch erkannte man rechtzeitig, dass es einer anderen Art der Waldbewirtschaftung bedurfte. Man wollte sich nicht auf Dauer seiner eigenen

Existenzgrundlage berauben. Durch die Grafen zu Nassau (1562) und zu Sayn (1565) wurde eine neue Waldordnung erlassen. Die Waldfläche wurde in eine sogenannte »Haubergsgemeinschaft« eingebracht, in der alle Waldeigentümer gemäß ihrem Waldbesitz Anteile (Pennige) bekamen.

Die Waldfläche selbst wurde in zwanzig Parzellen aufgeteilt, nur jeweils eine Parzelle wurde pro Jahr gerodet, und jede Parzelle durfte nur alle zwanzig Jahre gerodet werden. So wurde sichergestellt, dass der gesamte Wald genügend Zeit bekam, um sich zu regenerieren.

Diese Beschränkung der Nutzung führte zu einem Umdenken von einer eindimensionalen und einzyklischen, nur auf Kohle ausgerichteten Wertschöpfung auf eine vielfältige und mehrzyklische. Eichenrinde wurde gewonnen und an Gerbereien verkauft, das frisch gerodete Land zum Weizenanbau genutzt und ab dem fünften Jahr konnte das Vieh im nachwachsenden Bestand geweidet werden.

Auch sozial war und ist der Hauberg ein wichtiger Faktor; für die gemeinsamen Arbeiten im Hauberg war man aufeinander angewiesen. Bestimmte Arbeiten wie das Schälen der Eichenrinde konnten nur an wenigen Tagen im Jahr vorgenommen werden, sodass sich die gesamte Gemeinschaft dort traf. Obwohl der typische Niederwald heute vielfach der Fichte gewichen ist und »einfache« Forstwirtschaft betrieben wird (Nutzung zur Holzgewinnung), bestehen die Hauberg-Genossenschaften noch heute.

Was uns an der Haubergskultur im Umgang mit der Natur fasziniert und sie für die Zukunft – auch von Material – relevant macht, sind verschiedene Aspekte: Die Veränderung vom einzyklischen zum mehrzyklischen Denken und Handeln, das *Vor*denken, die Veränderung von einer Monokultur (Kohleverhüttung) auf eine vielschichtige Nutzung, die gemeinschaftliche, auf die Zukunft ausgerichtete Verwaltung eines begrenzten Gutes (in diesem Fall des Bodens) und der soziale Zusammenhalt, der notwendigerweise hierdurch entstand, wodurch Missbrauch faktisch unmöglich wurde – das alles steht im Dienste des Einzelnen.

Wem gehört Material?

Während wir in den vorhergehenden Kapiteln dieses Buches konkrete Schritte für ein neues Wirtschaftssystem aufgezeigt haben, die wir bereits in konkreten Projekten getestet und umgesetzt haben, ist das folgende Kapitel eine Vision oder ein Modellentwurf für eine neue Architektur des Wirtschaftens – das Turntoo-Modell. Wir zeichnen darin ein Bild, wie wir die Wirtschaft gestalten könnten, ohne dass wir hierfür bereits konkrete, realisierte Beispiele in Bezug auf Material anführen könnten und ohne dass wir bereits bis ins Detail wissen, wie es funktionieren könnte – ein Wagnis also.

Die zentrale Frage des Kapitels ist: Wem gehört Material? Den Leitgedanken haben wir vom Slogan der berühmten Schweizer Uhrenfirma Patek Philippe geborgt: »Man erfreut sich ein Leben lang an ihr, aber eigentlich bewahrt man sie schon für die nächste Generation.« Was für die Uhr gilt, gilt auch für den Hauberg und sollte auch Gültigkeit haben für Material im Allgemeinen: Man darf es nutzen, aber man hat die Verpflichtung, es für die nachkommende Generation in seiner Nutzbarkeit zu erhalten.

Wie wir diese Vision erreichen können, wollen wir hier zur Diskussion stellen. »Manchmal sind es Theorien, die den Fortschritt im Denken blockieren«, schreibt Volker Stollorz in einem Aufsatz[1] über Elinor Ostrom, in welchem er daran erinnert, dass der Nobelpreisträgerin 1960 beinahe das Stipendium verweigert worden sei, da man die Vergabe an eine Frau als eine Verschwendung knapper Ressourcen hielt. Wir halten das Denken dieser Frau keineswegs für überflüssig, sondern im Gegenteil für einen Meilenstein auf dem Weg, um die Verschwendung der endlichen Materialressourcen zu beenden.

Ihr Gegenpol, nämlich ein Gedankengerüst, das den notwendigen Fortschritt in unserem Denken bis heute blockiert, entstand vor einem halben Jahrhundert. Der amerikanische Mikrobiologe Garrett Hardin veröffentlichte nämlich 1968 den einflussreichen Artikel: »The Tragedy of the Commons« – »Die Tragödie der Allmende«.

Die Allmende ist ein Gemeinschaftsbesitz, oft landwirtschaftlicher Natur, bei welchem die Gemeindemitglieder das gemeinschaftliche Recht zur Nutzung haben – zum Beispiel der oben beschriebene Hauberg. Hardy behauptete, dass jedes Gut, das gemeinschaftlichem Eigentum unterliege, zwangsweise zu einer Überbeanspruchung der Ressource führen müsse, da Menschen immer geneigt seien, ihren eigenen Vorteil voranzustellen. Seiner Ansicht nach würde eine gemeinschaftlich genutzte Weide letztendlich immer zu Überweidung führen, da jeder Bauer versuchen würde, das Vieh seiner Herde zu vermehren – auf Kosten der Gemeinschaft. Die Theorie fiel in der ideologischen Auseinandersetzung zwischen Ost und West (Kapitalismus und Kommunismus) auf fruchtbaren Boden und führte in weiten Teilen der westlichen Welt zu einer Privatisierung von bis dato gemeinnützig verwaltetem Eigentum.

Ausgerechnet eine Amerikanerin, nämlich die 2012 verstorbene Wissenschaftlerin und Nobelpreisträgerin Elinor Ostrom, sollte den Ruf der Allmende wiederherstellen. Sie belegte durch langjährige Forschungsarbeit, dass die Allmende eine besonders gut geeignete Form sei, durch gemeinschaftlich verwaltetes Eigentum begrenzte Ressourcen zu nutzen und deren Nutzbarkeit auch für die nachfolgenden Generationen zu erhalten. Sie erforschte eine Reihe von Designprinzipien, die für das Funktionieren einer Allmende notwendig sind, und wies nach, dass die sogenannte Tragödie der Allmende nur da entsteht, wo es keine Regeln für eine gemeinschaftliche Nutzung gibt, sich die Nutzer untereinander nicht kennen und es keinen Informationsaustausch zwischen den Nutzern gibt – in einer Art Niemandsland also. Vereinfacht gesagt: Da, wo Macht und

Verantwortung und die Konfrontation mit den Folgen des Handelns nicht miteinander verknüpft sind, geht es schief!

Ostrom sah durchaus Parallelen zu Hardys Weide und der Übernutzung globaler Ressourcen, aber eben nicht, weil sie wie eine Allmende, sondern weil sie wie ein Niemandsland behandelt werden. Für ihre Arbeit erhielt sie 2009 den Nobelpreis für Wirtschaftswissenschaften.

Relevant für uns ist, dass Ostrom und mit ihr andere Wissenschaftler den Allmende-Gedanken für einen Schlüssel hielten, um mit den Ressourcen der Erde verantwortungsvoll umzugehen. Sie beziehen sich dabei meist auf lokale knappe Güter wie Wasser, Fanggründe oder Landbaugrund. Ostrom war sogar davon überzeugt, dass der Allmende-Gedanke auch einen wichtigen Beitrag zur Lösung des CO_2-Problems leisten könne.

Für uns stellt sich nun die spannende Frage: Kann man diesen Gedanken nun auch auf Material anwenden? Kann man Eigentum von Material so organisieren, dass es gepflegt, genutzt und gleichzeitig für die Zukunft erhalten werden kann?

Das Modell, das wir vorschlagen, führt in einer Reihe von Schritten zu einer neuen Wertschöpfungskette, wobei jeder Schritt ein Baustein ist, um zu einem System zu kommen, das Materialerhalt garantiert und Müll dauerhaft ausschließt:

Materialerhalt in sechs Schritten – das Turntoo-Modell

Schritt 1: Produkt als Service – dauerhafte Verantwortung der Produzenten

Beim Konzept »Product as a Service« übernimmt der Produzent die Verantwortung für den gesamten Lebenszyklus des Produkts, und der Konsument erwirbt eine Option, um das Produkt eine begrenzte Zeit benutzen zu dürfen. Während der Nutzungszeit ist der Produzent verantwortlich für das Funktionieren des Produktes, also für

Reparaturen und eventuelle Upgrades. Läuft der Vertrag aus, fällt das Produkt an den Produzenten zurück.

Schritt 2: Produkt als Materialdepot – modulare Bauweise der Produkte

Dieser kann dann, wie bereits erklärt, dasselbe Produkt noch einmal auf Servicebasis dem Markt zur Verfügung stellen, Komponenten davon in einem anderen Produkt verarbeiten, die Materialien selber (getrennt) wiederverwerten oder das Ganze oder Teile davon einem anderen Hersteller überlassen. Das setzt aber voraus, dass er sein eigenes Produkt als Materialdepot vorausgedacht hat. Das heißt, dass jedes Produkt vollständig modular und wiederverwertbar ist und auch die Materialien selbst ihre Nutzbarkeit behalten.

Schritt 3: Materialpass

Da das Produkt eventuell über einen längeren Zeitraum genutzt wird, müssen Informationen über verwendete Materialien in einem Materialpass dokumentiert sein, da Müll oder Abfall dann entsteht, wenn Material keine dokumentierte Identität besitzt.

Schritt 4: Madaster

Durch die Registrierung des Materialienpasses beim Madaster wird der Erhalt der Materialien unabhängig vom Weiterbestehen des Produktes bzw. des Produzenten gewährleistet. Durch die Registrierung des Materials entsteht Transparenz über Verbleibdauer und Nutzung von Material. Die Standardisierung von Informationen ermöglicht das Teilen von Informationen und begünstigt das Entstehen eines Marktes für die Nutzung von gebrauchtem Material.

Schritt 5: Universelle Deklaration der Materialrechte

Die UDMR, die Universelle Deklaration der Materialrechte, sichert allen Materialien und Rohstoffen Rechte zu, wodurch ihre unendliche Nutzbarkeit fortgeschrieben ist.

Auf diese Weise bewegen wir uns im Fünferschritt auf ein wirtschaftliches Modell zu, bei dem der Verlust an Rohstoffen und Materialien verhindert werden kann.

Dennoch haben wir mit diesen fünf Schritten im Grunde nur die letzte Etappe der bestehenden linearen Kette neu geregelt. Denn wenn ein Produzent die Materialien, die er selbst nicht mehr benutzen oder weiterverwerten will, aus irgendeinem Grund nicht weitergibt, dann stehen diese Materialien für eine Weiterverwertung nicht mehr zur Verfügung. Weil sich bei einigen marktbeherrschenden Herstellern die Materialien dadurch »aufhäufen« würden, könnten sich ungewollt Materialmonopole bilden. Um auch diesen Effekt zu eliminieren, brauchen wir noch einen weiteren Schritt.

Schritt 6: Material als Dienstleistung – die Erde als Eigentümer

Dabei kommen wir auf die zentrale Frage dieses Kapitels zurück: Wem gehört Material? Und wie kann erreicht werden, dass Material genutzt und gleichzeitig für die nachkommende Generation erhalten wird.

Das klassische Eigentumsrecht unterscheidet vier verschiedene Formen von Verfügungsrechten, die dem Eigentümer eines Gutes zustehen:

1. Usus – das Recht, ein Gut zu nutzen.
2. Usus fructus – das Recht, ein Gut zu nutzen und die Früchte aus der Sache zu ziehen, das heißt, Gewinne und Erträge durch die Nutzung des Guts zu erwirtschaften.
3. Abusus – das Recht, das Gut formal, materiell oder substanziell zu verändern.
4. Ius abutendi – das Recht, über ein Gut gesamt oder teilweise zu verfügen (zum Beispiel dies zu verkaufen) und den damit erwirtschafteten Gewinn einzubehalten.

Das Eigentumsrecht enthält auch die Möglichkeit, diese Verfügungsrechte voneinander zu trennen, das heißt, jemandem wird das Recht zum Gebrauch oder zur Fruchtziehung übertragen, während der ursprüngliche Eigentümer das »bloße Eigentum« behält.

Wollen wir Material für die Zukunft erhalten, dann müssen wir über die Verfügungsrechte von Material neu nachdenken. Betrachtet man die Frage aus einer übergeordneten Perspektive, dann wird deutlich, dass Eigentum von Material im Sinne eines Generationenvertrages organisiert werden muss. Wie beim Hauberg haben gegenwärtige Generationen nur das Recht des Gebrauchs und der Fruchtziehung. »Abusus« als das heutige Verfügungsrecht, Material in Müll zu verwandeln, darf es nicht mehr geben. (Im Englischen heißt »abuse« übrigens Missbrauch.)

Im Klartext: Es gilt die gesamte Wertschöpfungskette, welche eigentlich eine Wertevernichtungskette ist, radikal umzuorganisieren. Es gibt nur eine Möglichkeit sicherzustellen, dass Materialien nicht in der Produktionskette verloren gehen und nichts an Nutzbarkeit einbüßen: In der Vorwärtsrichtung von der Mine bis zum Konsumenten müssen alle Vereinbarungen auf dem Grundsatz beruhen: Ge-brauchen statt Ver-brauchen, also Usus und nicht Abusus.

Statt dem vollständigen Eigentum mit allen Verfügungsrechten erhält der Gebraucher das Recht, ein Produkt zu nutzen – Usus. Der Produzent dagegen hat das Recht, Gewinne und Erträge aus dem Gebrauch des Materials zu erwirtschaften – Usus fructus.

Ein Produzent darf also, wie der Konsument, nicht Eigentümer der von ihm benutzten Materialien sein, sondern sie nur vorübergehend verwalten. Das bedeutet in letzter Konsequenz, dass auch die Minen die Rohstoffe nicht mehr verkaufen, sondern sie nur verleihen, genauso wie ein Hersteller beim Modell »Product as a Service« seine Produkte verleiht. Der Gebraucher wird damit für einen begrenzten Zeitraum *Besitzer*, aber eben nicht *Eigentümer* – was juristisch im europäischen Recht bereits unterschieden wird.

Nur eine einzige »Partei« kann sich Eigentümer nennen und besitzt das wahre Eigentumsrecht auf alle Materialien: die Erde. Aus ihr sind schließlich alle Materialien hervorgegangen. Ein Hersteller erwirbt lediglich den Usus fructus, das Recht, Gewinne durch den Gebrauch des Materials zu erwirtschaften. Gleichzeitig wird in jedem Glied der Wertschöpfungskette vertraglich festgelegt, wie das Material behandelt werden muss, damit es nie verloren geht oder seine Nutzbarkeit eingeschränkt werden kann.

Daraus ergibt sich **»Material as a Service«**, wobei diesmal nicht nur Produkte oder Gebäude als Materialdepots betrachtet werden, sondern die Erde selbst. Sie ist das größte denkbare Depot, das wir Menschen verwalten dürfen. Weg vom Eigentum hin zur Verwaltung!

Wenn einem Produzenten der Usus fructus der Materialien genau so lang zugesichert wird, wie er sie in »Gebrauch« halten will, dann braucht er nicht zu fürchten, dass sie ihm vorzeitig weggenommen werden, weil er nicht ihr Eigentümer ist. Dazu muss der langfristige Schutz, den Eigentum bietet, in allgemeingültigen Vereinbarungen festgelegt werden. Das liegt im Interesse aller beteiligten Parteien und auch der Öffentlichkeit; es wird nämlich Rechtssicherheit geschaffen. So wird garantiert, dass es von der Mine bis zum Hersteller lohnend ist, Zeit, Geld und Arbeit in die Herstellung von Gütern zu investieren, bis hin zum Endprodukt. Der Endkunde erhält dadurch die Produkte, die er braucht, und die einzelnen Akteure in der Produktionskette können Güter herstellen, ohne die Materialien kaufen zu müssen. Sie »leihen« sie einfach gegen eine Vergütung, ähnlich wie man ein Buch in der Bibliothek ausleiht.

Die neue Wertschöpfungs- und Werterhaltungskette

Um zu gewährleisten, dass die Materialien in jedem Glied der Kette und für alle Zeiten ihre Verwertbarkeit behalten, müssen die Bedingungen für deren Verwendung im Vorfeld vertraglich festgelegt werden. Jede Partei gewährt dem nächsten Glied in der Kette eine

Konzession, also eine Nutzungserlaubnis unter der Bedingung des Erhalts. Das heißt, die geschürften Rohstoffe selbst werden nicht weiterverkauft, sondern nur deren Nutzungsrecht: Sie sind eine Dienstleistung, geliefert von der Gemeinschaft, aus deren Gebiet die Rohstoffe stammen.

Abnehmern dieser Rohstoffe ist es erlaubt, diese zu gebrauchen, solange sie wollen, doch unter der einen Bedingung: Wenn sie die Materialien nicht mehr benötigen, müssen diese an das vorhergehende Glied in der Kette zurückgegeben werden. Die Tatsache, dass Nutzungsgebühren anfallen, würde es auch unsinnig machen, ungenutztes Material anzuhäufen. Damit die Materialien in einem solchen System auch tatsächlich nutzbar bleiben, sind die eher ausgeführten Schritte des Modells eine Voraussetzung.

Von Anfang der Kette aus betrachtet, sieht das Turntoo-Modell dann so aus: Material bleibt im Eigentum der Erde, das Nutzungsrecht an Material wird von der Gemeinschaft, aus deren Gebiet die Rohstoffe stammen, verhandelt. Material wird Service (Schritt 6). Die UDMR, die Allgemeine Erklärung der Materialrechte, verhindert, dass Materialien ihre Verwertbarkeit verlieren (Schritt 5). Durch Madaster und den Materialpass sind Identität und Aufenthaltsort der Materialien registriert und dokumentiert und können nicht verloren gehen (Schritt 4 & 3). Das Produkt selbst ist als Depot organisiert und entworfen (Schritt 2) und wird dem Endkunden als Service angeboten (Schritt 1). Auf diese Weise wissen wir, welche Materialien in einem Produkt verwendet worden sind, wo sie sich befinden und woher sie stammen.

Jedes Mal, wenn das Material in der Kette ein Glied weiterrückt, sei es vorwärts oder rückwärts, wird dies in seinem Pass mit einem »entry«- oder einem »exit«-Stempel vermerkt. So werden die Informationen über das Material ständig aktualisiert. Jede Veränderung kommt einem neuen Visumsstempel im Pass gleich.

Auf diese Weise entsteht zusätzlich zu der heutigen Wertschöpfungskette, die bekanntlich mit der Vernichtung aller Werte auf dem Müllberg endet, eine echte Werterhaltungskette. Das heißt, in der Vorwärtsrichtung sprechen wir, wie jetzt schon gebräuchlich, von einer Wertschöpfungskette, in der Rückwärtsrichtung entsteht eine Werterhaltungskette. Wertschöpfung und -erhaltung bilden zusammen eine Endloskette.

Bestimmte Bedingungen müssen eingehalten werden, damit Materialien und Produkte endlos zirkulieren können. Nutzungsrechte werden beispielsweise nur dann erteilt, wenn der Konzessionsnehmer sich mit den Bedingungen zur Registrierung und damit zur Werterhaltung einverstanden erklärt. Nicht nur die Produktionsprozesse und -systeme, sondern auch das Produktdesign müssen so gestaltet sein, dass verarbeitete Materialien im gleichen Zustand an den Ausgangspunkt zurückkehren können, von dem sie verliehen wurden. In jeder Phase der Produktionskette werden Vereinbarungen für eine Rücknahme getroffen. Das Vorwärts wird durch das Rückwärts bestimmt.

Damit ist jedes Kettenglied ebenfalls ein »Zirkel« oder »Kreislauf«, in dem Materialien hin und her bewegt werden. Das Product-as-a-Service-Modell garantiert, dass die Materialien nach ihrer Nutzungsphase zum Produzenten zurückkehren. Beschließt der Produzent eines Tages, dass er das Produkt nicht mehr auf diese Weise herstellen will, gibt er die Einzelteile an seine Zulieferer zurück: Das Material bewegt sich im Schema der Endloskette ein Zirkelglied nach links und wandert vom Kreislauf zwischen Endkunde und Produzent zum Kreislauf zwischen dem Produzenten von Endprodukten und dem Zulieferer von Einzelkomponenten oder Halbfabrikaten.

Der Zulieferer kann nun entscheiden, ob er weitere Abnehmer für sein Produkt finden oder seinerseits das Material an den zurückgeben will, der es ihm geliefert hat. In diesem Fall bewegt sich das Material wieder einen Kreislauf nach links – das ist möglich bis zum Kreislauf zwischen dem letzten Zulieferer und der Mine, dem End- und Anfangspunkt des Turntoo-Modells.

Nutzungsrechte und der permanente Material-Fonds

Solange das Material zirkuliert, bildet es für die Gemeinschaft oder den Staat, die oder der das Material ausgibt, eine stete Einkommensquelle. Denn jedes Glied dieser neuen Endloskette bezahlt für das Recht, das Material zeitlich begrenzt nutzen zu dürfen. Auf diese Weise partizipiert der Staat oder die Gemeinschaft, der oder die die Rohstoffe zur Verfügung gestellt hat, an der kontinuierlichen Wertschöpfung durch »seine« bzw. ihre Materialien.

Vorbild für eine solche Beteiligung einer Gemeinschaft an der Wertschöpfung lokal gewonnener Ressourcen ist der Alaska Permanent Dividend Fund, der die Gewinne aus der lokalen Ölförderung Alaskas verwaltet. Entstanden durch einen Volksentscheid 1976, fließen 25 Prozent der staatlichen Rohstoffeinnahmen an den Fonds. Die Hälfte des jährlichen Gewinnes wird nun über eine Dividende direkt an die Einwohner Alaskas ausgeschüttet. Jeder Einwohner erhält den gleichen Betrag, über den er frei verfügen kann.

Natürlich kann man einwenden, dass Öl kein gut gewähltes Beispiel ist; schließlich ist es das Symbol schlechthin für unseren verantwortungslosen Umgang mit Ressourcen. Doch was uns daran interessiert, ist der stetige Kapitalfluss zu den Einwohnern Alaskas, der hierdurch entstanden ist.

Für Material kommt, wie bereits ausgeführt, eine weitere Komponente hinzu: die der Werterhaltung, und diese sehen wir dann gewährleistet, wenn dieser Kapitalfluss auch mit neuen Eigentumsstrukturen und Gebrauchsbedingungen verbunden ist.

Der Prozess der Wertschöpfung beginnt bei der Mine. Das Mandat, Konzessionen für die Gewinnung von Bodenschätzen auszugeben, liegt oft beim Staat oder einer lokalen Instanz. Diese übernimmt die Rolle eines Vermögensverwalters des Materials, das auf seinem Grundgebiet gefunden wurde oder vorhanden ist.

Er gewährt einem Bergwerksunternehmen die Konzession zur Gewinnung der unbearbeiteten Rohstoffe und dafür, das Nutzungsrecht an Abnehmer weiterzugeben, die die Rohstoffe beispielsweise zu Halbfabrikaten verarbeiten. Diese Abnehmer gewähren den Herstellern, die das Material zu einzelnen Produktkomponenten weiterverarbeiten, ihrerseits eine Konzession. Am Schluss der Kette steht der »Gebraucher«, der das Produkt auf Basis eines Servicevertrags nutzt. Läuft dieser Vertrag aus, kehrt das Produkt als Depot verschiedener Einzelkomponenten und Materialien zum Produzenten zurück. Dieser Vorgang wird im Materialpass dokumentiert. Jeder Nutzer in der Kette bezahlt für das Recht, das Material nutzen zu dürfen.

Die Nutzungsgebühren sichern dem Staat oder der Gemeinschaft, auf dessen oder deren Grundgebiet das Material ursprünglich geschürft wurde, einen kontinuierlichen Kapitalfluss. Dies hat abgesehen von der Konsequenz der Materialerhaltung auch eine große soziale Dimension. Anstelle von Raubbau tritt Materialerhalt und Beteiligung der rohstoffreichen Länder an der Wertschöpfung, die mit »ihren« Materialien realisiert werden

Nehmen wir zum Beispiel ein Gebiet in Afrika. Anstatt dass ein Staat die Schürfrechte einer Mine und damit alle in ihr enthaltenen Materialien an einen ausländischen Minenbetreiber verkauft, erteilt er ihm die Lizenz, Rohstoffe zu fördern und zu verleihen. Einen Teil dieser Einnahmen erhält der Minenbetreiber für seine Arbeit, der andere Teil geht als dauerhafte Einnahmequelle an den Staat oder noch besser an die lokale Gemeinschaft, in deren Gebiet sich die Mine befindet.

Neue Glieder der Werterhaltungskette

Aller Voraussicht nach werden sich zur Registrierung der Produkte und zum Aushandeln der Nutzungsrechte zwischen den rohstoffproduzierenden Unternehmen und der Verarbeitungsindustrie neue verbindende Instanzen bilden. Im Übergang vom alten linearen Wirtschaftssystem zum neuen Wirtschaftssystem werden sich die Rollen der einzelnen Beteiligten ändern und neue Teilnehmer entstehen.

Hier kommt der sogenannte »polyzentrische« Ansatz von Elinor Ostrom zum Tragen: Ihre Schlussfolgerung aus dem Studium gut funktionierender Allmende-Strukturen war es, dass es verbindlicher Vereinbarungen zwischen den direkt beteiligten Parteien und vielschichtiger, komplexer Strukturen und Verantwortlichkeiten bedarf, um die vielschichtige, komplexe Wirklichkeit unserer Welt zu gestalten. Es bedarf also weder einer zentralen staatlichen Lenkung, wie sie in der Planwirtschaft vorhanden war, noch monopolistischer Großkonzerne, um das neue System zu gestalten. Stattdessen werden viele verschiedene Strukturen und Initiativen entstehen, die unterschiedliche Materialerhaltungsketten ermöglichen – denn obwohl wir an dieser Stelle immer von einer Kette sprechen, ist die Welt natürlich viel komplexer, und es wird unzählige solcher Werterhaltungsketten geben.

Natürlich muss auch über Zwischenformen nachgedacht werden, die den Übergang vom heutigen System in ein Material-als-Service-System erlauben. Dazu gehört natürlich auch Respekt für heutige Eigentumsverhältnisse. Zwangsenteignungen und Verstaatlichungen sind keinesfalls der Weg, den wir hier vorzeichnen wollen. Vielmehr stellt sich die Frage, wie heutige Eigentümer in ein neues, auf Materialerhalt ausgerichtetes System eingebunden werden können. Hier können wir eventuell von dem eingangs erwähnten Hauberg-Beispiel lernen. Noch heute sind die ehemaligen Eigentumsverhältnisse in den gemeinschaftlich verwalteten Gebieten erhalten. Die Anzahl der »Pennige«, die ein Haubergsbesitzer hat, stehen für die Größe seines einstmaligen Eigentums und für den heutigen Anspruch, den er auf das Gebiet hat.

Vermögensverwaltung statt Konsum

Obwohl *Endkunden* beim neuen Turntoo-Modell genau genommen keine Eigentümer mehr sind, sondern nur noch zeitlich begrenzte Nutzer oder »Gebraucher«, müssen sie auch hier Verantwortungen tragen, die normalerweise mit Eigentum verbunden sind. Dafür erhalten sie jedoch keine Wegwerfartikel, sondern Produkte, die auf Langlebigkeit und maximalen Nutzen ausgerichtet sind.

Jedes Glied in der Kette hat die Pflicht, die getroffenen Vereinbarungen einzuhalten. In der neuen Ökonomie bedeutet »Besitz« die Bereitschaft, die Rolle eines Vermögensverwalters auszuüben. Verwalten bedeutet in unserem Verständnis nicht, Eigentumsrechte zu besitzen, sondern Verantwortung zu tragen. Es bedeutet auch nicht »haben«, sondern »sich kümmern um«. Auf diese Weise wird das Wirtschaftssystem zur Haubergsgemeinschaft, alle Beteiligten dürfen einen Teil der Materialien nutzen, aber sie haben die Pflicht, die Regeln zu ihrer Erhaltung zu befolgen.

Durch das Turntoo-Modell gehen Nutzer verantwortungsvoller mit den Materialien um. Produkte werden in unseren Augen wieder zu dem, was sie im Grunde schon immer waren: aus den endlichen Materialien eines geschlossenen Systems geschaffene Konglomerate, die unsere zeitlich begrenzten Bedürfnisse befriedigen sollen. Dadurch dass wir Verantwortung für unsere Erde übernehmen, können wir uneingeschränkt genießen, was sie uns zu bieten hat! Wir realisieren, dass Mensch und Natur in gegenseitiger Abhängigkeit leben und unsere Anwesenheit auf Erden nur vorübergehend ist, während die Folgen unseres Handelns ewig dauern.

Das Turntoo-Modell sichert die unendliche Verfügbarkeit aller Materialien. Wie es ein geschlossenes System erfordert, verfügen wir am Ende des ökonomischen Prozesses über dieselben Materialien wie am Anfang. Nichts geht verloren, nichts steht einer zukünftigen Verwendung im Weg. Schaffen, erhalten und sichern: Das ist die Quintessenz dieses Modells. Als wir im Dezember 2017 diese

Vision bei einer Konferenz in der Akademie der Wissenschaften im Vatikan präsentieren durften, wurde sie mit großer Zustimmung und Begeisterung aufgenommen.

Die Vorteile liegen auf der Hand:

1. Die Erde, Quelle allen Lebens, wird geschützt und erhalten.
2. Müll wird zu einem Begriff, der der Vergangenheit angehört, denn die vertraglichen Vereinbarungen zwischen den Parteien verhindern das Unbrauchbarwerden des Materials.
3. Ein kontinuierlicher Kapitalfluss lässt ärmere rohstoffreiche Länder an der globalen Wertschöpfung teilhaben.
4. Ein Servicevertrag regelt die Rückgabe von Materialien und Produkten. Die Länge der Nutzungsdauer ist ebenfalls vertraglich geregelt, wodurch die Hersteller ihr Rohstofflager stets genau übersehen können und wesentlich unabhängiger von Zuliefererproblemen oder Unsicherheiten im Zusammenhang mit Preisschwankungen auf dem Weltmarkt werden.
5. Dieses System sichert den Produzenten ein Einkommen in Form kontinuierlicher Kapitalflüsse. Das neue Wirtschaftsmodell bietet mehr finanzielle Stabilität und langfristige Kundenbindung.
6. Der ›Gebraucher‹ erhält durch das neue Modell Qualitätsprodukte, die nicht mehr möglichst schnell veralten sollen, und ist außerdem befreit von einer Verantwortung, die er ohnehin niemals tragen konnte oder wollte, nämlich für die Entsorgung der Produkte oder besser noch für den Werterhalt der Materialien zu sorgen.
7. Last but not least könnte ein solches Modell auch zur Friedenssicherung beitragen. Ein ökonomisches System, bei dem durch vielfältige Kooperation Verflechtungen entstanden sind und das zudem eine gerechtere Verteilung der globalen Wertschöpfung ermöglicht, kann dazu beitragen, geopolitische Spannungen abzubauen. Aus diesem Grund sind wir dazu eingeladen worden, die Material-Rechte im Herbst bei den Carnegie Peacebuilding Conversations im Friedenspalast von Den Haag vorzustellen.

Zugegeben, für ein solches System ist ein Bewusstseinswandel und eine sehr intensive Zusammenarbeit der verschiedensten Teilnehmer im Wirtschaftssystem notwendig. Und die Frage, wie das Material-als-Service-Modell tatsächlich praktisch funktionieren könnte, ist hiermit noch nicht beantwortet. Das Basismodell haben wir nun beschrieben; doch es bedarf natürlich noch einer großen Anzahl von neuen Spielregeln, die wir als Menschheit erst noch entwickeln müssen.

Wir müssen in neuen Formen zusammenarbeiten, wenn wir die Wirtschaft grundsätzlich verändern wollen. Nicht umsonst stand der Nobelpreis, der 2009 an Elinor Ostrom verliehen wurde, unter dem Leitmotiv »Organisation von Kooperation«.

Die neuen Spielregeln werden nicht nur das ökonomische System verändern, sondern die »Seele« der heutigen Wirtschaft transformieren. Verwirklichen lässt sich dies alles jedoch nur durch eine fundamental andere Sichtweise auf unser Dasein: durch eine Daseins-Revolution.

Doch wie soll diese aussehen?

10.

KOPERNIKANISCHE WENDE 2.0 ODER: WIE BRINGEN WIR MENSCH UND ERDE WIEDER INS GLEICHGEWICHT?

»Wir sind Reisende in dieser Welt,
keine Bewohner.«
Erasmus von Rotterdam

Heiligabend 1968: Am 24. Dezember um 17.32 Uhr wurde aus dem Raumschiff *Apollo 8* das erste Foto von der Erde gemacht. Drei Tage vorher war die erste bemannte Raumfahrtmission gestartet, um den Mond zu umrunden. Unter den drei Astronauten befand sich James Lovell, der später auch zur Crew der *Apollo 13* gehören sollte.

Lovell und seine Kollegen waren somit die ersten Menschen, die die Erde aus dieser besonderen Perspektive zu sehen bekamen, und sie beobachteten, wie sie hinter einem Horizont aus grauen Mondkratern mitten im unauslotbaren, tiefschwarzen Raum »aufging«. Eine Fotografie dieses astronomischen Schauspiels war gemäß NASA-Logbuch nicht vorgesehen. Die Bemannung schoss trotzdem ein erstes Schwarz-Weiß-Foto, durch den unerwarteten Anblick überwältigt. Nach Rückfrage bei der NASA erhielten die Astronauten Erlaubnis, auch die Farbkamera zu gebrauchen. Und so dokumentierte William Anders ein historisches Ereignis in der Beziehung zwischen Menschheit und Erde, das den Blickwinkel auf unseren Planeten für immer verändern sollte: Zum ersten Mal in der Geschichte der Menschheit sahen wir, wie verletzbar der Ort war, auf dem wir »beheimatet« sind – und wie begrenzt. Die Live-

Berichterstattung beendeten die drei Astronauten, indem sie abwechselnd aus der Schöpfungsgeschichte vorlasen.

Es mag Zufall sein oder doch miteinander im Zusammenhang stehen, dass ziemlich zur selben Zeit weltweit die ersten Umweltbewegungen entstanden. 1970 gilt als Geburtsjahr der modernen Umweltbewegung: Der amerikanische Präsident Nixon gründete in diesem Jahr die Umweltbehörde EPA in den USA, und in Europa wurde 1970 das Europäische Naturschutzjahr gefeiert, die erste europaweite Umweltkampagne mit über 200.000 Aktionen. Natürlich gab es davor bereits zahlreiche Wegbereiter. Der Historiker Joachim Radkau datiert den Beginn der Umweltbewegung im heutigen Sinne auf die Debatte um die Holznot um 1800. 1899 wurde in Stuttgart der Bund für Vogelschutz (BfV) als Vorläufer des heutigen Naturschutzbundes Deutschland (NABU) gegründet. Im Jahre 1962 erschien Rachel Carssons berühmtes Buch *Silent Spring*.

Die Symbolkraft des Fotos für die Umweltbewegung ist jedoch allgemein anerkannt. Das berühmte Bild bekam den Titel »Earthrise«[1] und ist zum Sinnbild für einen Wandel in unserem Denken geworden. Dieser Wandel setzte freilich bereits mit dem preußischen Astronomen Nikolaus Kopernikus ein, der 1543 öffentlich erklärt hatte, dass die Planeten um die Sonne kreisen. Damit vertrat er als Erster seit der Antike wieder ein heliozentrisches Weltbild. Bis dahin war das geozentrische Weltbild vorherrschend gewesen, das heißt die feste Überzeugung, dass die Erde das Zentrum des Universums sei.

Als Galileo Galilei die Behauptung des Kopernikus 1610 wiederholte und mit dem etwa um die gleiche Zeit erfundenen Fernrohr erste Beweise dafür lieferte, führte das bekanntlich zu einem ernsthaften Konflikt mit der Kirche in Rom. Diese wollte die Verbreitung eines Weltbildes verhindern, in dem die Erde – und damit der Mensch – nicht der Mittelpunkt der Schöpfung war. Die Kirche zwang den Wissenschaftler, diese Einsicht zu widerrufen. Dabei war Galileo der Ansicht, dass seine Beobachtungen der katholischen

Lehre, der er selbst anhing, überhaupt nicht widersprachen. Im Gegenteil, er hielt seine Erkenntnisse für einen Beweis, wie durchdacht Gottes Schöpfung sei.

Die Kirche ließ Galileis Schriften mehrmals von der Inquisition prüfen. Zunächst wurde er nur verwarnt, doch 1633 wurde er zu lebenslangem Hausarrest verurteilt. Angeblich soll er bei der Verkündung des Urteils ausgerufen haben »*Eppur si muove!*« (Und sie [die Erde] bewegt sich doch!). Fünfzig Jahre danach baute Isaac Newton auf Galileos Erkenntnissen auf, doch erst 1992 rang sich die katholische Kirche unter Papst Johannes Paul II. dazu durch, Galileo Galilei zu rehabilitieren. Manchmal braucht es eben einen großen (zeitlichen) Abstand, um die Realität zu erkennen. Heute gehören der Päpstlichen Akademie der Wissenschaft auch bekennende Atheisten wie der kürzlich verstorbene Astrophysiker Stephen Hawking an.

»Das Leben kann nur in der Schau nach rückwärts verstanden, aber nur in der Schau nach vorwärts gelebt werden«, lehrt der dänische Philosoph Søren Kierkegaard. Anders gesagt: »Realität« entsteht immer erst hinterher.

Der Mensch – Krone der Schöpfung. Wirklich?

Mit dem Begriff »Kopernikanische Wende« wird eine radikale Umorientierung in der Wissenschaft oder in der Philosophie bezeichnet, durch die die Wirklichkeit plötzlich aus einem vollständig anderen konzeptuellen Blickwinkel heraus betrachtet wird. Doch eine solche Kopernikanische Wende ist erst ganz vollzogen, wenn die Richtigkeit der neuen Erkenntnisse nicht nur mithilfe der Vernunft erkannt worden ist, sondern wenn sie von unserem Gefühl, unserer Kultur und unserem Handeln vollkommen aufgenommen wurde.

Unsere heutige wirtschaftliche Kultur ist immer noch ein Spiegelbild unseres geozentrischen Weltbildes. Wir haben die Kopernikanische Wende zwar im Denken vollzogen, kulturell fühlen wir uns jedoch nach wie vor als Zentrum des Universums. Eng damit verbunden ist eine zweite, auf dem geozentrischen Weltbild beruhende Überzeugung, wonach der Mensch die »Krone der Schöpfung« ist. Ausgehend von Platons Ideenwelt hat sie sich über Jahrtausende hinweg gebildet und sich vor allem durch das Christentum verbreitet. Sie ist auch der Ausgangspunkt der menschlichen Auffassung von der Zweitrangigkeit des »sinnlichen« Lebens: des Irdischen, des Konkreten, des Natürlichen. Die Inquisition im späten Mittelalter und in der Renaissance unterstützte diese Spaltung, da sie aus dem Auftrag Gottes an den Menschen, sich die Natur »untertan« zu machen (Genesis I:28), das Recht ableitete, alles Natürliche als »heidnisch« zu verdammen. Dieser in der theologischen Theorie als *dominium terrae* bezeichnete Herrschaftsanspruch verdrängte die ursprüngliche Bedeutung der biblischen Verse, wonach der Mensch die Aufgabe habe, sich der Natur gegenüber so verantwortungsvoll und fürsorglich zu verhalten wie ein Hirte gegenüber seinem Vieh.[2]

Von der Aufklärung an vermischte sich der Herrschaftsanspruch mit dem dogmatischen Glauben an die Wissenschaft als mögliche Heilsbringerin. Der Philosoph René Descartes schrieb nicht nur den für unsere Kultur so wichtigen Satz, »Ich denke, also bin ich«, sondern behauptete 1637 in seinem Werk *Discours de la méthode* (Abhandlung über die Methode) auch, dass der Mensch durch die Wissenschaft das Potenzial besitzt, zum »Herrscher und Besitzer der Natur« zu werden.[3]

Unsere Gesellschaft mag heutzutage zwar weitgehend säkularisiert sein, aber diese Vorstellungen dominieren noch immer unser Weltbild und finden Niederschlag im Paradigma des Szientismus: die Machbarkeit der Welt durch Naturwissenschaft und Technik. Die Entwicklungen in den letzten Jahrhunderten scheinen dieses Weltbild nur zu bestätigen. Eine wahre Flut naturwissenschaftlicher Entdeckungen und technischer Erfindungen schufen uns ein Wohlstandsniveau, das in der Geschichte der Menschen nicht seinesgleichen hat und wodurch sich unsere Gesellschaft in rasendem Tempo verändert. Allerdings lässt sich inzwischen die Kehrseite dieses Weltbilds nicht mehr verleugnen: Es bahnt sich eine ökologische Krise an, die alle diese Errungenschaften in Gefahr bringen könnte. Die Ursachen für die Ausbeutung der Natur und den Raubbau an der Erde sind tief in unserer (westlichen) Kultur verankert.

Kulturwandel: Die Welt als Organismus

Wir gestalten die Welt in Übereinstimmung mit den geistigen Vorgaben, mit denen wir sie wahrnehmen. Doch dieser Vorgang lässt sich auch umkehren: Die gesellschaftliche Welt, in der wir uns bewegen, und ihre Logik bestimmen unseren Blick auf die Wirklichkeit.

Die Linearwirtschaft, der wir uns in den vorangegangenen Kapiteln so ausführlich gewidmet haben, ist zwar einerseits aus dem oben beschriebenen Weltbild entstanden, andererseits erschafft sie aber auch eine »lineare Kultur« – eine Kultur der Machbarkeit, die sich auf das Erreichen von quantitativen Resultaten richtet gemäß dem Motto: »Nur was wir berechnen können, ist wahr, nur was wir ausrechnen können, besitzt einen Wert.«

Diese Linearität findet sich in vielen unserer Verhaltensweisen wieder, in der Art und Weise, wie wir Prioritäten setzen, Probleme »anpacken«, Dinge beurteilen, mit unserer Zeit und miteinander umgehen. Sie bestimmt auch den Charakter unserer Beziehung zur Erde.

Wir teilen die Welt am liebsten in kleine, überschaubare, isolierte Teilchen, planen in überschaubaren chronologischen Schritten – in ähnlicher Weise, wie wir während der Industrialisierung Produktionsprozesse zerteilten, wodurch diese ungeheuer beschleunigt werden konnten.

Natürlich ist lineares Denken äußerst funktionell, doch wird es kritiklos auf jeden Lebensbereich angewendet, kann es auch unglaublich große Schäden anrichten und dazu führen, dass vieles unserer Wahrnehmung entgeht.

Auch in den Wissenschaften konzentriert man sich auf die Erforschung von Details, die künstlich vom Rest der Welt isoliert werden. Man glaubt, das »Gesamtbild« Welt besser begreifen zu können, wenn man zunächst die Einzelteilchen erforscht und diese dann zu einem Ganzen zusammenfügt. Die Folge ist eine stets weitergehende Spezialisierung, bei der der Blick auf das Ganze verloren zu gehen droht. Die Welt ist diesem Verständnis nach eine Maschine, die man vollkommen auseinanderbauen und begreifen kann.

Aber hierbei wird etwas Entscheidendes vergessen: Die Welt ist keine Maschine. Sie ist ein Organismus, ein zusammenhängendes System – alles hängt mit allem zusammen, beeinflusst einander, alles ist gleich wichtig. Die Welt ist nicht einfach die Summe ihrer Einzelteile; sie ist von einer Komplexität, die wir vermutlich niemals vollständig begreifen werden. Die Fragmentierung in Einzelteile ist ein Notbehelf, um die unendlich komplexe Welt besser begreifen zu können. Wir legen damit ein Raster über die Wirklichkeit, mit der wir sie besser zu verstehen hoffen.

Das menschliche Handeln hat in seinen Auswirkungen solche Dimensionen angenommen, dass wir von einem globalen Einfluss sprechen können. Wir reisen um die ganze Welt, beziehen von überall her unsere Güter. Klimaprobleme oder Atomkatastrophen machen nicht an Landesgrenzen halt; die aktuell 58 Atomreaktoren in Frankreich sind auch die Angelegenheit seiner Nachbarländer, so wie Chinas Luftverschmutzung ein Problem der ganzen Welt ist.

Alles beeinflusst alles. Die Fragmentierung der Welt in Einzelteile – sei es durch die Zerstückelung innerhalb der Produktionskette, sei es durch die Isolierung von Forschungsobjekten oder das Beharren auf Landesgrenzen – führt dazu, dass wir das große Ganze aus dem Blick verlieren. Dabei kann nur der Blick aufs Ganze uns den richtigen Weg weisen. Unsere komplex zusammenhängende Welt wird sich der linearen Denkweise niemals unterordnen lassen. Deshalb müssen wir uns von diesem Paradigma dringend lösen.

Natürlich dürfen wir uns weiterhin der Errungenschaften bedienen, die diese eindimensionale Fokussierung hervorgebracht hat. Doch jetzt ist es an der Zeit, den Horizont zu erweitern und die Kultur zu bereichern. Wie bereits gesagt, ist unsere Erde mehr als die Summe ihrer Einzelteile: Sie ist ein lebendes, rhythmisches, zyklisches System; eine Einheit – und so müssen wir sie auch behandeln. Das System, das an Komplexität unser lineares Denken weit übertrifft, die Natur nämlich, besteht aus einem Gewebe vielfältiger, aufeinander einwirkender Beziehungen.

Um unser Verhältnis zur Erde zu verändern, benötigen wir nicht nur ein neues Wirtschaftssystem, sondern auch eine Veränderung in unserer Kultur. Wenn wir unser Verhältnis zur Erde wirklich verbessern wollen, müssen wir unserer Wirtschaft und unserer Gesellschaft eine andere Seele geben.

Rhythmus allen Seins: Chronos und Kairos

In der griechischen Mythologie symbolisiert der Gott Chronos die lineare Zeit. Kairos dagegen ist das Sinnbild der Gelegenheit oder des geeigneten Moments, um etwas zu tun. Chronos ist quantitativ – die Uhr-Zeit –, während Kairos die Qualität der Zeit repräsentiert: den Moment, die Reife, das Timing. In unserer Welt haben wir Chronos zum alles beherrschenden Tyrannen werden lassen. Wir werden von unseren Agenden und Terminen regiert, schauen dauernd auf die Uhr und werden jeden Morgen vom Wecker geweckt. Wir nähern uns allem »chronologisch« – linear – und organisieren auch alles danach. Der geeignete Moment ist nur noch der Moment, an dem wir im Voraus geplant haben, etwas zu tun.

Selbst unsere eigene biografische Entwicklung ordnen wir der Chronologie, der Linearität unter. Karrieren müssen gerade verlaufen, am liebsten ohne Abweichungen oder Misserfolge; die kindliche Entwicklung wird normiert und in Diagrammen festgelegt, sie muss ohne Irrwege in geraden Linien voranschreiten. Und wenn unsere »Alten« im gesellschaftlichen System nicht mehr funktionieren oder einfach nur eine bestimmte Altersgrenze erreicht haben, neigen wir dazu, sie einfach abzuschieben, »wegzuwerfen«, und vernichten dabei viel soziales, intellektuelles, emotionales Kapital – nämlich Wissen, Weisheit und Lebenserfahrung, die in anderen Kulturen geschätzt und geachtet wird.

Doch gilt für alles im Leben, was Rainer Maria Rilke in einem Brief an den jüngeren Dichterkollegen Franz Kappus schrieb: »Nicht rechnen und zählen; [sondern] reifen wie der Baum, der seine Säfte nicht drängt und getrost in den Stürmen des Frühlings steht.«[4]

In der Natur wirken Kairos und Chronos gleichermaßen. Chronos repräsentiert den Ablauf der Zeit, verbunden mit der Sonne, die aus ihm hervorgegangen, ist er verantwortlich für den Wechsel von Tag und Nacht und für den ewigen Rhythmus der Jahreszeiten. In der Musik würde man von Takt und Rhythmus sprechen, die Regelmäßigkeit in allem. Aber außer diesen beiden hat jedes Lied auch eine Melodie, und diese ist dem Kairos zuzuordnen. Wetter und Wind sind ebenfalls nicht regelmäßig, sie spielen ihr Lied innerhalb des Rhythmus, den die Sonne vorgibt, aber beide besitzen eigene Gesetzmäßigkeiten. Ein Apfel fällt im Herbst vom Baum, aber erst dann, wenn er reif ist, nicht vorher – doch der Reifeprozess ist abhängig von Sonnenschein und Regen, denen der Apfelbaum ausgesetzt ist.

Alles Lebendige besitzt einen Rhythmus, und jeder Rhythmus unterliegt bestimmten Gesetzmäßigkeiten. Das gilt für alle Prozesse und Einzelelemente unseres geschlossenen Systems – uns selbst eingeschlossen. Allgemein verlieren wir mit ungefähr sieben Jahren unsere Milchzähne, sind ab dem 14. Lebensjahr geschlechtsreif, und mit ungefähr 21 Jahren dürfen wir uns (biologisch) für erwachsen halten. Die Übergangsphasen sind meistens nicht besonders angenehm, sondern eher lästig. Aber wir können sie nicht überspringen. Doch verläuft dieser Rhythmus bei jedem von uns anders, denn er hängt von zahlreichen, verschiedenartigen Faktoren ab. Die Lebensmelodie jedes Lebewesens lautet anders, und die Gesamtheit aller Melodien ist unendlich variantenreich.

Wenn wir uns aber nun fortwährend abmühen, Kairos durch Chronos zu ersetzen, geraten wir in Konflikt mit der (und mit unserer) Natur. Wir können uns den Gesetzen der Natur nun einmal nicht entziehen, allen Weckern, Excel-Sheets und Plänen zum Trotz.

Mit der Natur segeln, statt gegen sie zu kämpfen

Sitzen wir in unserem geheizten Wohnzimmer mit der atmosphärischen Beleuchtung, die wir den momentanen Bedürfnissen anpassen können, und sind durch Dach und Wände vorübergehend (und bis zu einem gewissen Maße) vor den Elementen gefeit, kommen wir uns vermutlich vor wie die Herrscher über die Erde. Von dieser »zweiten Natur«, die wir selbst in Form von Apartmentgebäuden, Autos, Autobahnen, Brücken und ordentlich geharkten Parkanlagen geschaffen haben, werden wir so sehr geblendet, dass wir kaum noch an die größere, die erbarmungslose, die »erste Natur« glauben, aus der wir doch hervorgegangen sind.

Aber kein Mensch kann eine Schneeflocke herstellen, einen lebendigen Baum erschaffen oder die Naturgesetze aushebeln. Reißt ein schwerer Sturm einen dicken Ast von der alten Eiche im Garten, und dieser landet auf unserem Hausdach, dann katapultiert uns das laute Krachen schnell auf unseren angestammten Platz in der Natur zurück. Keiner entgeht der »ersten Natur«. In ihrem geschlossenen System ist jedes ihrer Elemente so verletzbar wie das andere. Mehr noch: Die »zweite« Natur, die von Menschenhand gemachte, wird sich auf Dauer nur den Gesetzen der »ersten« Natur folgend entwickeln können.

Wenn wir akzeptieren, dass der Mensch weder sich noch sein Handeln von der Natur lösen kann, dann lautet die logische Schlussfolgerung daraus, dass der Mensch gewiss nicht der Mittelpunkt der Welt ist. Mittelpunkt der Welt ist die Natur, von der wir nur ein Teil sind. Die Tatsache, dass wir es, beeinflusst von den oben erwähnten Denktraditionen, gewöhnt sind, anderer Ansicht zu sein (und wider besseres Wissen an einem anthropozentrischen Weltbild festhalten), sagt viel über den Charakter unserer Wahrnehmung aus – und rein gar nichts über die Wirklichkeit. Unser kollektives Bewusstsein wird die Gesetze der Natur niemals verändern können.

Und weil wir die Natur nicht verändern können, wird sich unser Bewusstsein an ihre Gesetze anpassen müssen. Nicht die Natur, sondern wir sind der eingrenzende Faktor in der gegenwärtigen Lage: Wir müssen die Wende vollbringen von einer linearen Kultur zu einer holistischen Kultur, vom eindimensionalen Denken und Handeln zum multidimensionalen, von der Fragmentierung zur Ganzheit, von der Spezialisierung zur Integration.

Statt Raubbau an der Welt zu betreiben, müssen wir lernen, was wir tun müssen, um ernten zu können, und das bedeutet lernen, was es heißt, uns um die Erde zu kümmern. Wir müssen wieder bewusst mit den Gesetzmäßigkeiten der Natur leben, müssen die Jahreszeiten berücksichtigen, das Wetter und den Wind und die Komplexität des ganzen Systems. Wir müssen zu »Hirten« der Erde werden. Nur auf diese Weise lässt sich die Kopernikanische Wende vollenden.

Das menschliche Sein kennt drei Ebenen: Denken, Fühlen und Handeln. Seit dem 17. Jahrhundert »wissen« wir, dass der Mensch nicht der Mittelpunkt der Schöpfung ist. Doch dieser Gedanke muss sich in unserer Kultur erst noch tief verankern: in unserem Fühlen und in unserem Handeln.

Das Prinzip der ewigen Wiederkehr ist in der Natur selbstverständlich. Denn es ist die Sonne, die in der organischen Welt jeden Tag, jede Woche, jeden Monat, jede Jahreszeit und jedes Jahr das Endliche unendlich zurückkehren lässt: durch Frucht, Blüte, Pflanze, Baum. Und was die Sonne für die organische Welt bedeutet, bedeuten die Daten für unsere »zweite« Natur: Sie ermöglichen es, dass die Materialien unendlich oft zurückkehren können, egal in welchem Zyklus, egal in welchem Moment und an welchem Ort der Welt.

Das Turntoo-Modell transformiert die Gesetzmäßigkeiten der Natur (erste Natur) in das Wirtschaftssystem (zweite Natur) und konzentriert sich auf den unendlichen Rohstoff-Erhalt. Er wird gesichert, indem neue Vereinbarungen über Nutzen, Erhalt und Registrierung von Materialien getroffen werden.

Doch am Anfang steht, dass wir uns unserer wahren Position in der Welt bewusst werden: Wir sind Teil eines geschlossenen, zusammenhängenden Systems und den Gesetzen der Natur untertan. Statt sich den Gesetzen der Natur entgegenzustellen, ist es besser, das Handeln auf sie abzustimmen: Wir sollten unsere Augen öffnen und unsere materielle Welt wie erfahrene Segler so gestalten, dass die Naturgesetze uns vorantreiben, statt aufzuhalten.

Die Erntegesellschaft: Freiheit, Gleichheit, Brüderlichkeit

Wenn wir lernen, unsere Wirtschaft auf dieser Basis umzugestalten und zu ernten, sodass der drohende Rohstoff- und Materialienmangel nicht mehr unsere Wirtschaft beherrscht, kann jeder so weit an unserer materiellen Welt teilhaben, dass er seine Bedürfnisse befriedigen kann. Nur auf diese Weise kann die Wirtschaft wieder ihren angestammten Platz einnehmen, kann wieder Mittel sein statt selbst Zweck. Der neu gewonnene Raum gibt uns die Freiheit nachzudenken, worin das eigentliche Ziel unserer Reise auf der Erde bestehen könnte.

Eine Gesellschaft besteht nämlich aus viel mehr als nur aus der Wirtschaft. Mehr noch: So etwas wie ein vom Rest der Gesellschaft getrennter »Markt« oder »Ökonomie« existiert gar nicht. Diese Vorstellung ist sehr neu, denn jahrhundertelang gingen wir davon aus, dass die Wirtschaft in das Ganze unserer religiösen und sozialen Strukturen und Normen eingebettet ist.

Frühere Gesellschaften waren holistisch, ganzheitlich orientiert. In ihnen waren die verschiedenen gesellschaftlichen Felder integriert. Man war sich der Tatsache bewusst, dass alles mit allem zu tun hatte.

Die Wirtschaft hat die Aufgabe, für die Befriedigung unserer materiellen Bedürfnisse zu sorgen; Regierung und Rechtsstaat sind für die Gestaltung der sozialen Beziehungen verantwortlich, in unserem geistigen und kulturellen Leben steht das Bedürfnis nach Selbstverwirklichung im Mittelpunkt. Gerade deshalb ist es wichtig, der Wirtschaft im großen Ganzen unserer Gesellschaft ihren richtigen Platz zu geben: Wird das Gleichgewicht gestört, hat das weitreichende Folgen.

Gegenwärtig beherrscht die wirtschaftliche Logik die Politik und das übrige sozialgesellschaftliche und kulturelle Leben, dem Künste, Wissenschaft und Bildung zuzurechnen sind. Das heutige Wirtschaftssystem stillt unseren täglichen materiellen Bedarf an Nahrung, Kleidung und Transport. Aber als Menschen haben wir noch zahlreiche andere Bedürfnisse als nur die materiellen: Wir wollen uns entwickeln, unsere Talente und Möglichkeiten ausleben, uns verwirklichen. Außerdem drängt es uns dazu, die sozialen Beziehungen, an denen wir partizipieren, auch aktiv mitzugestalten.

Der Mensch besitzt drei grundlegende Bedürfnisse: das Bedürfnis nach Selbstverwirklichung (Freiheit), das Bedürfnis, die sozialen Verhältnisse mitzugestalten (Gleichheit), und das Bedürfnis, dass die Gesellschaft und die Gemeinschaft unseren materiellen Grundbedarf sichert (Brüderlichkeit, Solidarität).

Der Künstler Joseph Beuys hat das mit seinem letzten Werk »Palazzo Regale« meisterhaft zum Ausdruck gebracht: ein Raum mit sieben Spiegeln und zwei Vitrinen, in denen ein Schäfer und ein König dargestellt sind. Der Besucher dieser Installation sieht sich selbst in stets wechselnden Perspektiven und in immer anderen Beziehungen zu den zwei Urbildern der Rolle des Menschen auf Erden: der König als Sinnbild für die selbstbestimmte Souveränität des Menschen und der Schäfer als Sinnbild der Bescheidenheit und der Sorgepflicht des Menschen gegenüber der Umwelt.

Bei unserem neuen Wirtschaftsmodell sollen sämtliche menschlichen Bedürfnisse befriedigt werden und nicht nur ein Teil davon. Sind wir eines Tages vom linearen Denken und dem Kampf um den Besitz der seltenen Rohstoffe befreit, liegt der Weg zu einer solidarischen Gemeinschaft offen. Und weil unsere Identität nicht länger davon bestimmt wird, was wir haben, kann sich unsere Aufmerksamkeit wieder auf das konzentrieren, was wir sind: spirituelle Wesen auf ihrer menschlichen Reise – Gäste auf diesem Planeten.

THE UNIVERSAL DECLARATION OF MATERIAL RIGHTS

Materialien werden wie Menschen Opfer von Gewalt und Willkür. Da sie keinen rechtlichen Schutz genießen, werden sie straflos und systematisch vernichtet. Aus diesem Grund plädieren wir für eine »Universal Declaration of Material Rights« (UDMR), die sich an der »Allgemeinen Erklärung der Menschrechte« orientiert.

Human rights www.un.org/en/documents/udhr/)
Material rights (www.theuniversaldeclarationofmaterialrights.org)

Preamble A.
Whereas recognition of the inherent dignity and of the equal and inalienable rights of all members of the human family is the foundation of freedom, justice and peace in the world.

Whereas it is essential to recognize materials as being both the foundation and an integral part of the fabric of life.

Preamble B.
Whereas disregard and contempt for human rights have resulted in barbarous acts which have outraged the conscience of mankind, and the advent of a world in which human beings shall enjoy freedom of speech and belief and freedom from fear and want has been proclaimed as the highest aspiration of the common people.

Whereas disregard and contempt for material rights have resulted in barbarous acts which have outraged the conscience of mankind, and the advent of a world in which original natural materials shall remain permanently available to perpetuate life as the highest aspiration of life itself.

Preamble C.

Whereas it is essential, if man is not to be compelled to have recourse, as a last resort, to rebellion against tyranny and oppression, that human rights should be protected by the rule of law.

Whereas it is essential, if man is not to be compelled to have recourse, as a last resort to rebellion against the effects of human short-sightedness and wasteful behaviour, that the rights of materials should be protected by the rule of law.

Preamble D.

Whereas it is essential to promote the development of friendly relations between nations.

Whereas it is essential to promote the awareness of the role of materials and the development of a long-term vision on our relation to materials.

Preamble E.

Whereas the peoples of the United Nations have in the Charter reaffirmed their faith in fundamental human rights, in the dignity and worth of the human person and in the equal rights of men and women and have determined to promote social progress and better standards of life in larger freedom.

Whereas the peoples of the United Nations have in the Charter reaffirmed their faith in fundamental human rights, in the dignity and worth of the human person and in the equal rights of men and women and have determined to promote social progress and better standards of life in larger freedom, where these – so far – are failing to guard the proper application of materials.

Preamble F.

Whereas Member States have pledged themselves to achieve, in co-operation with the United Nations, the promotion of universal respect for and observance of human rights and fundamental freedoms.

Whereas Member States have pledged themselves to achieve, in co-operation with the United Nations, the promotion of universal respect for and observance of human and material rights and fundamental freedoms.

Preamble G.

Whereas a common understanding of these rights and freedoms is of the greatest importance for the full realization of this pledge.

Whereas a common understanding of these rights and freedoms is of the greatest importance for the full realization of this pledge.

Preamble H.

Now, Therefore THE GENERAL ASSEMBLY proclaims THIS UNIVERSAL DECLARATION OF HUMAN RIGHTS as a common standard of achievement for all peoples and all nations, to the end that every individual and every organ of society, keeping this Declaration constantly in mind, shall strive by teaching and education to promote respect for these rights and freedoms and by progressive measures, national and international, to secure their universal and effective recognition and observance, both among the peoples of Member States themselves and among the peoples of territories under their jurisdiction.

Now, Therefore THE GENERAL ASSEMBLY proclaims THIS UNIVERSAL DECLARATION OF MATERIAL RIGHTS as a common standard of achievement for all peoples and all nations, to the end that every individual and every organ of society, keeping this Declaration constantly in mind, shall strive by teaching and education to promote respect for these rights and freedoms and by progressive measures, national and international, to secure their universal and effective recognition and observance, both among the peoples of Member States themselves and among the peoples of territories under their jurisdiction.

Article 1.
All human beings are born free and equal in dignity and rights. They are endowed with reason and conscience and should act towards one another in a spirit of brotherhood.

Materials are the foundation of the fabric of life and form an integral part of it. They are endowed with meaning, purpose and utility and should be treated in a spirit that extends life itself.

Article 2.
Everyone is entitled to all the rights and freedoms set forth in this Declaration, without distinction of any kind, such as race, colour, sex, language, religion, political or other opinion, national or social origin, property, birth or other status. Furthermore, no distinction shall be made on the basis of the political, jurisdictional or international status of the country or territory to which a person belongs, whether it be independent, trust, non-self-governing or under any other limitation of sovereignty.

Every material is entitled to all the rights and freedoms set forth in this Declaration, without distinction of any kind, such as composition, phase, colour, texture, physical or chemical proper-

ties, virgin or manufactured origin, application, value or other status. Furthermore, no distinction shall be made on the basis of the political, jurisdictional or international status of the country or territory where a material is situated, whether it be independent, trust, non-self-governing or under any other limitation of sovereignty.

Article 3.
Everyone has the right to life, liberty and security of person.

Every material has the right to contribute to life, to freedom of application and protection of purity.

Article 4.
No one shall be held in slavery or servitude; slavery and the slave trade shall be prohibited in all their forms.

No material shall be mixed in ways where recovery into its original form is impossible; this type of mixing shall be prohibited in all its forms.

Article 5.
No one shall be subjected to torture or to cruel, inhuman or degrading treatment or punishment.

No material shall be subjected to treatment that degrades its future ability to contribute to life.

Article 6.
Everyone has the right to recognition everywhere as a person before the law.

Every material has the right to recognition before the law, just like this has been provided for persons, (business) entities and countries.

Article 7.
All are equal before the law and are entitled without any discrimination to equal protection of the law. All are entitled to equal protection against any discrimination in violation of this Declaration and against any incitement to such discrimination.

> *All materials are entitled to equal protection against any discrimination in violation of this Declaration and against any incitement to such discrimination.*

Article 8.
Everyone has the right to an effective remedy by the competent national tribunals for acts violating the fundamental rights granted him by the constitution or by law.

> *Every material has the right to be protected by competent national tribunals for acts violating the fundamental rights it has been granted by the constitution of law.*

Article 9.
No one shall be subjected to arbitrary arrest, detention or exile.

> *No material shall be subjected to a state of waste, defined as a state without any associated information or a state of irrecoverability.*

Article 10.
Everyone is entitled in full equality to a fair and public hearing by an independent and impartial tribunal, in the determination of his rights and obligations and of any criminal charge against him.

> *Every material is entitled in full equality to a fair and public assessment by an independent and impartial institution, in the determination of its next destination and application or use*

when faced with obsolescence in its current form, application or use.

Article 11-1.

(1) Everyone charged with a penal offence has the right to be presumed innocent until proved guilty according to law in a public trial at which he has had all the guarantees necessary for his defence.

(1) Every material faced with a state of loss or waste due to irreversible mixing or loss of data has the right to appropriate research in order to be recovered or updated, until proven pure again.

Article 11-2

(2) No one shall be held guilty of any penal offence on account of any act or omission which did not constitute a penal offence, under national or international law, at the time when it was committed. Nor shall a heavier penalty be imposed than the one that was applicable at the time the penal offence was committed.

(2) No permanent state of irreversibility will ever be accepted on any material, irrespective of the moment the irreversible damages was imposed on the material. The search for recoverability may however be replaced with the search for alternative applications, whichever more life oriented.

Article 12.

No one shall be subjected to arbitrary interference with his privacy, family, home or correspondence, nor to attacks upon his honour and reputation. Everyone has the right to the protection of the law against such interference or attacks.

The data surrounding materials shall not be subjected to arbitrary interference, nor to attacks to the systems hosting it. Every material has the right to protection against attacks on its data that prevent it from being considered waste.

Article 13-1.
(1) Everyone has the right to freedom of movement and residence within the borders of each state.

(1) Every material has the right of freedom of movement and application within the borders of each state.

Article 13-2.
(2) Everyone has the right to leave any country, including his own, and to return to his country.

(2) Every material has the right to leave any country, including its country of origin and to return to a state of stock.

Article 14-1.
(1) Everyone has the right to seek and to enjoy in other countries asylum from persecution.

(1) Every material has the right to seek and enjoy in other countries asylum from becoming waste.

Article 14-2.
(2) This right may not be invoked in the case of prosecutions genuinely arising from non-political crimes or from acts contrary to the purposes and principles of the United Nations.

(2) This right may not be used as a justification for economically beneficial dumping of waste in other countries.

Article 15-1.

(1) Everyone has the right to a nationality.

> *(1) Every unique aggregation of material has the right to a unique identity.*

Article 15-2.

(2) No one shall be arbitrarily deprived of his nationality nor denied the right to change his nationality.

> *(2) No unique aggregation of material shall be arbitrarily deprived of its unique identity.*

Article 16-1.

(1) Men and women of full age, without any limitation due to race, nationality or religion, have the right to marry and to found a family. They are entitled to equal rights as to marriage, during marriage and at its dissolution.

> *(1) Individual original materials of known identity have the right to be merged into a new material provided a trackback remains possible to its history up to that point, along with information on how to undo the merge.*

Article 16-2.

(2) Marriage shall be entered into only with the free and full consent of the intending spouses.

> *(2) Merging shall be entered into only if all effects of the resulting material are known, documented and linked to both the new and the old materials.*

Article 16-3.

(3) The family is the natural and fundamental group unit of society and is entitled to protection by society and the State.

> *(3) Materials are the natural and fundamental building blocks of life and are entitled to protection by society and the State.*

Article 17-1.

(1) Everyone has the right to own property alone as well as in association with others.

> *(1) Every material has the right to a guardian that is sincerely concerned with its condition.*

Article 17-2.

(2) No one shall be arbitrarily deprived of his property.

> *(2) No material shall be arbitrarily deprived of its guardian.*

Article 18.

Everyone has the right to freedom of thought, conscience and religion; this right includes freedom to change his religion or belief, and freedom, either alone or in community with others and in public or private, to manifest his religion or belief in teaching, practice, worship and observance.

> *The concept of impermanence is to be considered key to any and all products, appliances, applications, components, etc. as long as they are built from materials. The only thing to be considered permanent, however evolving dynamically, is the concise and collective data covering all materials, their history, current and future applications, everywhere and at any given time.*

Article 19.

Everyone has the right to freedom of opinion and expression; this right includes freedom to hold opinions without interference and to seek, receive and impart information and ideas through any media and regardless of frontiers.

> *Every material has the right to freedom of next application; this right includes freedom to be considered for next application without interference and for the guardian to seek, receive and impart information and ideas through any media and regardless of frontiers.*

Article 20-1.

(1) Everyone has the right to freedom of peaceful assembly and association.

> *(1) Every material has the right to life-supporting aggregation and distribution.*

Article 20-2.

(2) No one may be compelled to belong to an association.

> *(2) No original natural material may be mined as long as stock is available elsewhere.*

Article 21.

(1) Everyone has the right to take part in the government of his country, directly or through freely chosen representatives.

(2) Everyone has the right of equal access to public service in his country.

(3) The will of the people shall be the basis of the authority of government; this will shall be expressed in periodic and genuine elections which shall be by universal and equal suffrage and shall be held by secret vote or by equivalent free voting procedures.

> *(1) Every material has the right to administration.*
>
> *(2) Every material has the right to equal access to administrative functions and systems worldwide.*
>
> *(3) The will of the people of the mining location shall be the basis of the authority over mined materials; this will be expressed in periodic and genuine elections which shall be by universal and equal suffrage and shall be held by secret vote or by equivalent free voting procedures.*

Article 22.

Everyone, as a member of society, has the right to social security and is entitled to realization, through national effort and international co-operation and in accordance with the organization and resources of each State, of the economic, social and cultural rights indispensable for his dignity and the free development of his personality.

> *Every material, as part of the closed system Earth, has the right to be applied according to the basic design rule for any closed system, being ›in a closed system all things are equally important to maintain a stable balance‹.*

Article 23-1.

(1) Everyone has the right to work, to free choice of employment, to just and favourable conditions of work and to protection against unemployment.

> *(1) Every material has the right to be applied, to free assignment of application, to life supporting conditions and to protection against obsolescence.*

Article 23-2.

(2) Everyone, without any discrimination, has the right to equal pay for equal work.

> *(2) For any material, without any discrimination equal fees shall be charged for equal use in equal applications.*

Article 23-3.

(3) Everyone who works has the right to just and favourable remuneration ensuring for himself and his family an existence worthy of human dignity, and supplemented, if necessary, by other means of social protection.

3) Every material that is applied has the right to a just and favourable cost structure ensuring the extension of life, and to be supplemented, if necessary, by additional cost elements for known externalities.

Article 23-4.
(4) Everyone has the right to form and to join trade unions for the protection of his interests.

(4) Every material has the right to be part of trade unions for the protection of materials in their support of life.

Article 24.
Everyone has the right to rest and leisure, including reasonable limitation of working hours and periodic holidays with pay.

Every material has the right to become stock (defined as a semi-permanent state of non-use with the specific objective of preventing anonymity).

Article 25-1.
(1) Everyone has the right to a standard of living adequate for the health and well-being of himself and of his family, including food, clothing, housing and medical care and necessary social services, and the right to security in the event of unemployment, sickness, disability, widowhood, old age or other lack of livelihood in circumstances beyond his control.

(1) Every material has the right to a cost or fee structure that supports its future life as well as its current life, including academic research into data structure and storage, applications, effects, side-effects and externalities.

Article 25-2.

(2) Motherhood and childhood are entitled to special care and assistance. All children, whether born in or out of wedlock, shall enjoy the same social protection.

> *(2) Virgin and new man-made materials are entitled to special care and attention. Preferably, the installed base of man-made materials shall be retrofitted to the same level of care and attention.*

Article 26-1.

(1) Everyone has the right to education. Education shall be free, at least in the elementary and fundamental stages. Elementary education shall be compulsory. Technical and professional education shall be made generally available and higher education shall be equally accessible to all on the basis of merit.

> *(1) Every material has the right to academic research and to the communication about known results. Research into effects, side-effects and externalities shall be compulsory. Technical results shall be made generally available and advanced research shall be accessible to all on the basis of merit for life.*

Article 26-2.

(2) Education shall be directed to the full development of the human personality and to the strengthening of respect for human rights and fundamental freedoms. It shall promote understanding, tolerance and friendship among all nations, racial or religious groups, and shall further the activities of the United Nations for the maintenance of peace.

> *(2) Academic research shall be directed to the full development of life and to the strengthening of respect for life and the materials that enable it. It shall promote awareness of the importance of the perpetuation of life.*

Article 26-3.
(3) Parents have a prior right to choose the kind of education that shall be given to their children.

(3) The people of the original location of an unmined material shall have a prior right to choose the kind of research and potential (non)application of their material.

Article 27-1.
(1) Everyone has the right freely to participate in the cultural life of the community, to enjoy the arts and to share in scientific advancement and its benefits.

(1) Every material has the right to the benefit of scientific advancement, in particular in so far as it allows the material to be reverted into its orginal state.

Article 27-2.
(2) Everyone has the right to the protection of the moral and material interests resulting from any scientific, literary or artistic production of which he is the author.

(2) Every material has the right to remain part of a larger aggregation that creates value on a new level (e.g. a component or a product).

Article 28.
Everyone is entitled to a social and international order in which the rights and freedoms set forth in this Declaration can be fully realized.

Every material is entitled to a social and international order in which the rights and freedoms set forth in this Declaration can be fully realized.

Article 29.
(1) Everyone has duties to the community in which alone the free and full development of his personality is possible.
(2) In the exercise of his rights and freedoms, everyone shall be subject only to such limitations as are determined by law solely for the purpose of securing due recognition and respect for the rights and freedoms of others and of meeting the just requirements of morality, public order and the general welfare in a democratic society.
(3) These rights and freedoms may in no case be exercised contrary to the purposes and principles of the United Nations.

> *(1) Transposition to be determined.*
> *(2) Transposition to be determined.*
> *(3) These rights and freedoms may in no case be exercised contrary to the purposes and principles of the United Nations.*

Article 30.
Nothing in this Declaration may be interpreted as implying for any State, group or person any right to engage in any activity or to perform any act aimed at the destruction of any of the rights and freedoms set forth herein.

> *Nothing in this Declaration may be interpreted as implying for any State, group or person any right to engage in any activity or to perform any act aimed at the destruction of any of the rights and freedoms set forth herein.*

DANKWORT

Es ist sehr ermutigend zu sehen, dass Ideen für eine grundlegende Transformation unseres ökonomischen Systems gesellschaftlich stets relevanter werden: eine wachsende Zahl von Regierungen, öffentlichen und privaten Initiativen widmen sich inzwischen diesem Thema. Jedoch kennt diese große Bewegung auch Vorkämpfer, die sich bereits seit Jahrzehnten für eine solche Transformation einsetzen. Vielen von ihnen sind wir auf unserem bisherigen Weg persönlich begegnet, und sind voller Dankbarkeit und Bewunderung für ihre Arbeit. Dieses Buch hat daher auch nicht den Anspruch, die alleinige und umfassende Antwort zu den Fragen, wie ökonomische Veränderungen möglich sind, zu geben; es ist vielmehr ein Versuch, unsere Einsichten aus eigenen langjährigen Erfahrungen in diesen wichtigen Diskurs einzubringen.

Dieses Buch ist das Resultat einer langen Reise, die mit der Gründung von Turntoo 2010 ein zusätzliches Ziel bekam. Während dieser faszinierenden Reise haben wir immer wieder die Unterstützung von vielen Menschen erfahren dürfen, denen wir an dieser Stelle unseren großen Dank aussprechen möchten.

Ganz besonders wollen wir dabei Debby Appleton danken, unserer Reisegefährtin seit 2012. Ihr Beitrag war von unschätzbarem Wert. Sie war mit ihrem Enthusiasmus, großen Einsatz und scharfen Geist unser Fels in der Brandung bei Turntoo. Gemeinsam mit ihr und anderen Kollegen haben wir die Ideen, Modelle und konkreten Beispiele entwickelt, die die Basis dieses Buches sind. Marijn Emanuel begleitet uns schon mehr als zwanzig Jahre auf unserer beruflichen Reise und ist auch auf diesem Abschnitt ein unverzichtbarer Weggefährte.

Pablo van den Bosch und Martijn Oostenrijk sind seit Kurzem Partner von Turntoo. In den vorangegangen Jahren haben sie uns mit ihrer Professionalität vielfältig unterstützt. Zusammen mit ihnen, Marijn Emanuel, Jeroen Vermeulen und Ronald Eleveld haben wir 2017 Madaster gründen dürfen. Für die Zusammenarbeit mit ihnen sind wir besonders dankbar, und schätzen besonders ihren ansteckenden Unternehmergeist.

José Willemsen danken wir für ihr organisatorisches Talent und ihre Geduld, mit dem sie das Team und das Buch unterstützt.

Sehr wichtig für das Buch war Roos van Hennekeler. Sie wusste auf meisterhafte Weise, unser Konzept und unsere Ideen für den Originaltitel in einen zugänglichen Text zu übersetzen.

Unserem Verleger Jürgen Diessl sind wir sehr dankbar für seinen Glauben an und seine Begeisterung für unser Buch, und den Elan, mit dem er das Projekt vorangetrieben hat. Auch danken wir ihm für die sorgfältige und professionelle Arbeit des Econ Verlages, insbesondere von Niels Brockmeyer – es war und ist ein fantastischer Prozess.

Claudia Cornelsen war die herrlichste Lektorin, die man sich wünschen kann, mit ihrem klaren, scharfen Geist, ihren fundierten Fragen und Anregungen hat sie uns geholfen, das Buch auf ein neues Niveau zu bringen.

Auch unserer Übersetzerin Ira Wilhelm sind wir sehr dankbar für ihren Enthusiasmus und ihr Mitdenken, das weiterging als wortgetreu aus dem Niederländischen zu übersetzen.

Ohne die niederländische Originalausgabe gäbe es auch dieses Buch nicht. Deshalb wollen wir an dieser Stelle unserem niederländischen Verleger Bertram & de Leeuw danken und René Warmerdam von der Speakers Academy. Er hat den ersten Anstoß für das Buch gegeben.

Frank Wiering und William de Bruin danken wir für die Chance unsere Ideen in *VPRO Tegenlicht* zu präsentieren. Dieser Dokumentarfilm war die Basis für dieses Buch. Auch Hans Rietveld, den Erfinder des Namens und des Logos von Turntoo wollen wir an dieser Stelle erwähnen.

Unser Dank geht ebenfalls an unsere Mitarbeiter und Kollegen, die aktuell oder in den letzten Jahren mit unserer Arbeit verbunden sind bzw. waren: Rachel Louiws, Anton Binnenmars, Richard Greil, Bas Berck, Ruben van Doorn, Ronald de Graan, Dennis Groteboer, Douwe Jan Joustra, Ariane Kaper, Peter Klaassen, Erik Mulder, Kaan Ozdurak, Henk Rebel, Mirjam Schmull und Esmé Stevens. Menschen, die uns mit ihrem Talent und ihrer Professionalität zur Seite gestanden haben: Saskia Baan, Koos van den Berg, Walter Link, Matthijs Schouten und Sander de Wolf.

Auch gab es viele Menschen, die uns insbesondere in der Anfangsphase unterstützten, als unsere Ideen noch völlig neu waren und der Term Circular Economy noch gänzlich unbekannt war: Peter Blom, Rick Boomer, Serena Borghero, Michael Braungart, Sharona Ceha, John Elkington, Wouter van Dieren, Stef Kranendijk, Willem Lageweg, Ellen MacArthur, die Ellen MacArthur Foundation, Marjan Minnesma, Robert Metzke, Pablo Smolders, Herman Wijffels und Catharena Gräfin von Bernstorff.

Entscheidend für die Weiterentwicklung unserer Ideen war und ist deren Umsetzung in konkrete Projekte. Sie konnten nur in Zusammenarbeit mit anderen entstehen. Dafür danken wir Debby Beitsma, Bart Blokland, Henk Bol, Henk de Bruin, Mellouki Cadat, Onno Dwars, Eric Heutinck, Frans van Houten, Rob Kragt, Markus Laubscher, Sabien van der Leij, John Nederstigt, Cecile van Oppen, Frank Snijders, Arthur Thomaes, Erik Toenhake, Alex Tuinstra, Marc Unger, Wim op het Veld, Dirk van der Ven, Frank van der Vloed, Helene van der Vloed, Magdalena Völker und Dorien van der Weele.

Auch dem ganzen Team von Madaster wollen wir an dieser Stelle danken: insbesondere Joanca van den Bosch, Richard Greil, Germien Cox, Erik Bronsvoort, Cécile van Oppen, Jeroen Broersma, Rob Oomen, Sander Bosman, Sander Hoek, Erik van Esch, Marloes Fischer und Stefan van Uffelen. Unser Dank gilt besonders auch dem Vorstand der Madaster Foundation: Ken Webster, Lex de Boer und Carol Lemmens.

Ebenfalls dankend erwähnen wollen wir die Personen und Unternehmen, die als »Kennedy's« die Entwicklung von Madaster inhaltlich und finanziell unterstützt haben. Dank ihrem Einsatz und ihrer Überzeugungskraft hat Madaster die Unterstützung von 33 führenden Organisationen erhalten: Petran van Heel (Abn Amro), Taco de Lange (Akd), Bart Blokland (Alliander), Hans Hammink (Architecten cie, Cad&company), Carol Lemmens (Arup), Onno Dwars (Ballast Nedam), Fries Heinis (Bouwend Nederland), Kees Boot (Buro Boot), Hubrecht van Ginneken (Deerns), Edwin van Noort (Dutch Green Building Council), Koert Terhürne (Dura Vermeer), Richard Klein (Duurzaam Gebouwd), Kees Tempelaars (Earth and Eternity), Hein van Tuijl (Epea), Robert Koolen (Heijmans), Pim Peters (Imd Raadgevende Ingenieurs), Begga Berben (Ing Real Estate Finance), Bernd Hendriksen (Kpmg), Ronald de Graan (Kubus), Ronald Koedam (Mitsubishi Elevator Europe), Folkert Brouwers (Nij Smellinghe), Constantijn Berning (OVG Real Estate/ EDGE Technology), Thijs Cloosterman (ProRail), Wineke Haagsma (PwC), Maarten Donkers (Rabobank), Clemens Brenninkmeijer (Redevco Foundation), Marc Unger (Schiphol Group), Floor Felten (Schiphol Asset Management), Wendeline Besier (Tbi), Helene van der Vloed (Triocare), Joep Peters (Triodos Bank), Lars van der Meulen (VolkerWessels), Cora Jongenotter (Vorm bouw).

Zu großem Dank verpflichtet sind wir der Stiftung DOEN, und ganz besonders Jeffrey Prins und Steve Elbers. Sie haben mit ihrer finanziellen Unterstützung Turntoo überhaupt möglich gemacht.

Magdalene Rau, Karl Fleschenberg und Herrn D. Müller möchten wir gerne danken für ihre Informationen zum Hauberg.

Ohne Lehrer, Mentoren, Wegbereiter wären wir diesen Weg nie gegangen, deshalb wollen wir an dieser Stelle ihnen unseren Dank aussprechen: Peter Ferger, Otto Paul Hessel, Paulgerd Jesberg †, Matthias Krups, Joseph Wies.

Nicht vergessen wollen wir die Menschen aus unserem persönlichen Umfeld, die es uns ermöglicht haben, an unseren Ideen für dieses Buch zu arbeiten: Magdalene, Ulrich †, Sybelle, Willie & Martin, Tanja, Aino. Zum Schluss wollen wir auch unseren Kindern danken für die vielen Stunden, die sie mit mehr oder weniger Geduld auf uns gewartet haben.

QUELLEN

1. Kapitel

1 Im Umgang mit den Begriffen »Material« und »Rohstoff« folgen wir der Definition des Deutschen Umweltbundesamtes:
Material ist:
1. Ein Sammelbegriff für Stoffe und Stoffgemische.
2. Stoff oder Stoffgemisch, der oder das für die Herstellung von Produkten bestimmt ist. Dies umfasst sowohl Rohstoffe als auch höher verarbeitete Stoffe und Stoffgemische.
Rohstoff ist:
ein Stoff oder Stoffgemisch in un- oder gering bearbeitetem Zustand, der oder das in einen Produktionsprozess eingehen kann.
Wir verwenden daher den Begriff »Rohstoff«, wenn wir über noch unbearbeitetes, noch zu gewinnendes Material sprechen, zum Beispiel im Bergbau. Wenn wir über den Erhalt von Stoffen sprechen, verwenden wir den Begriff »Material«, da dies bereits einer Bearbeitung unterzogen wurde.

2. Kapitel

1 www.centennialbulb.org
Die Glühlampe ist über die sog. *Bulbcam* auf dieser Website live zu sehen.

2 The Great Lightbulb Conspiracy – IEEE Spectrum: https://www.spectrum.ieee.org/tech-history/dawn-of-electronics/the-great-lightbulb-conspiracy
Die Osram Jubiläumsbroschüre spricht selbst von Federführug von Osram. https://www.siemens.com/history/pool/beteiligte_unternehmen/aktive_beteiligungen/902k004de_100jahre_osram.pdf

3 *The Light Bulb Conspiracy*, Cosima Dannoritzer (Dir.), Dokumentarfilm, 2010

4 Krajewski, Markus: The Great lightbulb Conspiracy, *IEEE Spectrum*, 24.09.2014

5 Kreiß, Christian: *Geplanter Verschleiß: Wie die Industrie uns zu immer mehr und immer schnelleren Konsum antreibt – und wie wir uns dagegen wehren können*,

2001, S. 37 f., zitiert nach Markus Krajewski: Ausgabe der Philips Glowlamp, Eindhoven, 07. 03. 1928, Das Glühbirnenbuch, Wien 2001

6 http://www.zeit.de/1992/48/eckdaten-einer-bestimmten-gluehbirnens forschung/komplettansicht

7 https://upload.wikimedia.org/wikipedia/commons/2/27/London_(1932)_Ending_the_depression_through_planned_obsolescence.pdf

8 Brönneke, Tobias; Wechsler, Andrea: *Obsoleszenz interdisziplinär: Vorzeitiger Verschleiß aus Sicht von Wissenschaft und Praxis* – Verbraucherzentrale Baden-Württemberg –, Baden-Baden 2015, S. 312

9 Frühzeitige Produktdefekte – Zufall oder Absicht? Auswertung der eingegangenen Beschwerden bei der Stiftung für Konsumentenschutz. https://www.konsumentenschutz.ch/sks/content/uploads/2013/05/13_10_Dossier_geplante-Obsoleszenz.pdf

10 Brönneke, Tobias; Wechsler, Andrea: *Obsoleszenz interdisziplinär: Vorzeitiger Verschleiß aus Sicht von Wissenschaft und Praxis* – Beitrag Peter Heidrich –, Baden-Baden 2015, S. 155

11 Schridde, S.; Kreiß, Chr.: Geplante Obsoleszenz, Studie im Auftrag von Bundestagsfraktion Bündnis 90/Die Grünen, Berlin 2014

12 http://www.murks-nein-danke.de/blog/maengelliste-der-uba-studie-zu-obsoleszenz/

13 *The Century of the Self: Kaufen für die Müllhalde* – Arte [HD]: https://www.youtube.com/watch?v=Efu85QYarG4

14 Zitiert nach: Gary S. Cross: *An All-consuming Century: Why Commercialism Won in Modern America*, New York 2000, S. 92

15 https://www.youtube.com/watch?v=eJ3RzGoQC4s

16 Mazur, Paul: *Harvard Business Review*, Boston 1927

17 https://www.ellenmacarthurfoundation.org/assets/downloads/publications/A-New-Textiles-Economy_Summary-of-Findings_Updated_1-12-17.pdf

18 Babbitt, Callie; Kahhat, Ramzy; Williams, Eric; Babbitt, Gregory: Evolution of Product Lifespan and Implications for Environmental Assessment and Management: A Case Study of Personal Computers in Higher Education, *Environmental Science & Technology* 2009 43(13), S. 5106–5112

19 Siegle, L. (2018): What is the lifespan of a laptop? *The Guardian* https://www.theguardian.com/environment/2013/jan/13/lifespan-laptop-pc-planned-obsolescence

20 *Altes Handy – Zu Schade Für Den Müll!* Deutsche Umwelthilfe E. V., www.duh.de/projekte/althandy/

21 Nogrady, Bianca: »Future – Your Old Phone Is Full of Untapped Precious Metals.« *BBC News*, BBC, 18. 10. 2016, www.bbc.com/future/story/20161017-your-old-phone-is-full-of-precious-metals

22 Jaenicke, Hannes: *Wut allein reicht nicht*, Random House https://www.randomhouse.de/Hannes-Jaenicke-im-Auftrag-fuer-Tier-und-Umwelt/aid24681.rhd

23 http://www.sueddeutsche.de/politik/neoliberales-herrschaftssystem-warum-heute-keine-revolution-moeglich-ist-1.2110256

24 https://www.oeko.de/en/research-consultancy/issues/sustainable-consumption/fragen-und-antworten-zu-obsoleszenz/

25 https://www.konsumentenschutz.ch/sks/content/uploads/2013/05/13_10_Dossier_geplante-Obsoleszenz.pdf

26 https://utopia.de/siegel/der-blaue-engel-siegel-umweltengel

27 Kreiß, Christian: *Geplanter Verschleiß: Wie die Industrie uns zu immer mehr und immer schnelleren Konsum antreibt – und wie wir uns dagegen wehren können*, 2001, S. 73, zitiert nach Markus Krajewski: Ausgabe der Philips Glowlamp, Eindhoven 07. 03. 1928, Das Glühbirnenbuch, Wien 2001

28 https://de.wikipedia.org/wiki/Verbraucherschutz

29 https://www.theguardian.com/us-news/2017/mar/11/nebraska-farmers-right-to-repair-bill-stalls-apple

3. Kapitel

1 Wijnberg, Rob: De post-postmoderne mens: op de hoogte van alles, verplicht tot niets, *De Correspondent*, 25. 12. 2014

2 http://www.deutschlandfunk.de/elektroschrott-der-richtige-weg-beim-recycling.697.de.html?dram:article_id=396867

3 Baldé, C. P.; Forti V.; Gray, V.; Kuehr, R.; Stegmann, P.: The Global E-waste Monitor – 2017, United Nations University (UNU), International Telecommu-

nication Union (ITU) & International Solid Waste Association (ISWA), Bonn/Genf/Wien.

4 »Handel Muss Alte Elektro-Geräte Zurücknehmen.« *Verbraucherzentrale Rheinland-Pfalz*, www.verbraucherzentrale-rlp.de/wissen/umwelt-haushalt/abfall/handel-muss-alte-elektrogeraete-zuruecknehmen-12861

5 http://www.fao.org/nr/sustainability/full-cost-accounting/en/
https://www.natureandmore.com/de/true-cost-of-food/was-ist-true-cost-accounting

6 PricewaterhouseCoopers: *Minerals and metals scarcity in manufacturing: The ticking time bomb*, 2011

7 Eurostat, Waste Statistics, *Statistics Explained*, 02. 09. 2016

8 http://www.scinexx.de/wissen-aktuell-20355-2016-07-06.html

9 https://www.economist.com/finance-and-economics/2017/03/30/an-improbable-global-shortage-sand
https://na.unep.net/geas/getUNEPPageWithArticleIDScript.php?article_id=110

10 http://eu-recycling.com/Archive/7029

11 https://www.t-online.de/leben/id_62366296/warum-alte-elektrogeraete-aus-dem-osten-heute-noch-funktionieren.html

4. Kapitel

1 Lovell, Jim; Kluger, Jeffrey: *Lost Moon: The Perilous Voyage of Apollo 13*. Boston 1994.

2 *The Truman Show*, Peter Weir (Dir.), Spielfilm, Los Angeles 1998

3 W. Behrens III, William; Randers, Jørgen; Meadows, Dennis; Meadows, Donella: *The Limits to growth, Report to the Club of Rome*, 1972

4 https://www.theguardian.com/commentisfree/2014/sep/02/limits-to-growth-was-right-new-research-shows-were-nearing-collapse

5 Der schwedische Wissenschaftler Svante Arrhenius entwickelt 1896 als erster Wissenschaftler die Hypothese, dass der durch menschliche Aktivität verursachte CO2-Ausstoß die Atmosphäre der Erde erwärmen könnte.

Oreskes, Naomi; Conway, Erik M.: *Merchants of Doubt. How a handful of Scientists obscured the truth on issues from tobacco smoke to Global Warming.* New York 2010, S. 170.

6 IPCC – Intergovernmental Panel on Climate Change, IPCC.ch

7 Platon, Symposion 219a, übers. von Friedrich Schleiermacher

8 Hofstadter, Douglas: *Ik ben een vreemde kronkel*, Uitgeverij Contact, 2008

9 Lorenz, Edward: *Does the flap of a butterfly's wings in Brazil set off a tornado in Texas?*, American Association for the Advancement of Science, 1972

10 https://www.wiwo.de/technologie/umwelt/harald-welzer-das-menschenbild-der-oekonomen-ist-quatsch/8314540-all.html

11 *How the wolves changed the rivers*: https://www.youtube.com/watch?v=ysa5OB-hXz-Q

12 Maslow, A. H.: A theory of human motivation. *Psychological Review*, Vol. 50(4), Jul 1943

13 Gaiman, Neil; Pratchett, Terry: *Good Omens*, Gollancz 1990

5. Kapitel

1 https://www.ellenmacarthurfoundation.org/assets/downloads/news/20160125_Growth-Within_Germany_final.pdf

2 http://www.zeit.de/2012/20/Rohstoffe-Recycling/seite-2

3 Baldé, C. P., Wang, F., Kuehr, R., Huisman, J. (2015), The global e-waste monitor – 2014, United Nations University, IAS – SCYCLE, Bonn, Germany

4 http://www.faz.net/aktuell/wirtschaft/diginomics/telekom-vorstand-claudia-nemat-handy-wird-in-vielen-bereichen-ersetzt-15465941.html

5 Stahel, W. R.: *The Performance Economy*, London 2010

6 Carrington, Damian: »The Anthropocene Epoch: Scientists Declare Dawn of Human-influenced Age.« *The Guardian*. Guardian News and Media, 29 August 2016

6. Kapitel

1 http://www.daswirtschaftslexikon.com/d/diffusion/diffusion.htm

2 Jim Rallo, President of Liquidity Services' Retail Supply Chain Group, The Rise of Refurbished Products, März 2016

3 https://www.deondernemer.nl/nieuwsbericht/172159/van-autobezit-naar-abonnement-de-leaseauto-is-pass

7. Kapitel

1 https://www.nachhaltigkeit.info/artikel/hans_carl_von_carlowitz_1713_1393.htm
Thomasius, Harald, Bendix, Bernd: »Sylvicultura oeconomica – Transkription in das Deutsch der Gegenwart«, Remagen-Oberwinter 2013

2 http://urbanmining.at/about
https://www.urbanmining.it/public/documents/simposio/editorial-waste-management-2015.pdf
»Urban Mining. Von Der Kreislaufwirtschaft Zur Rohstoffindustrie.« *Urban-Mining Verein*, 2016.
Cossu, Raffaello, Williams, Ian D.: »Urban Mining: Concepts, Terminology, Challenges.« *Waste Management* 45 (2015), S. 1–3

3 Prior, Ed: *How Much Gold Is There in the World?* https://www.bbc.com/news/magazine-21969100

4 https://www1.wdr.de/wissen/technik/muellrecycling-100.html

5 Ruuska, A., Häkkinen, T.: *Material Efficiency of Building Construction*, VTT Technical Research Centre of Finland, 2016

6 https://www.egovernment-computing.de/was-ist-ein-kataster-a-588352/

7 http://www.handelsblatt.com/politik/international/fehlende-reformen-griechenlands-kataster-katastrophe/20285484.html
https://www.nzz.ch/international/endspurt-fuer-griechenlands-schwierige-vermessung-ld.1348584
http://www.sueddeutsche.de/politik/griechenland-der-professor-im-augiasstall-1.3928512

8. Kapitel

1 Gruber, Lavin; Oliver, M.: *Menschenrechte von New York bis Kairo. Eine Einführung in die allgemeinen Menschenrechte und die islamischen Gegenentwürfe*, 2015

2 »Staatloosheid Is Een Mensenrechtenkwestie!« *College Voor De Rechten Van De Mens.* https://mensenrechten.nl/nl/nieuws/staatloosheid-een-mensenrechtenkwestie

3 Cho, Rene: »Our Oceans: A Plastic Soup.« *State of the Planet Our Oceans A Plastic Soup Comments.* Earth Institute Columbia University, 2 2011.

4 »The New Plastics Economy: Rethinking the Future of Plastics & Catalysing Action.« *Ellen MacArthur Foundation,* www.ellenmacarthurfoundation.org/publications/the-new-plastics-economy-rethinking-the-future-of-plastics-catalysing-action

9. Kapitel

1 http://www.bpb.de/apuz/33204/elinor-ostrom-und-die-wiederentdeckung-der-allmende?p=all

10. Kapitel

1 *NASA Administrator, Earth rise,* 25. Juni 2013 *NASA Administrator, Apollo 8: Christmas at the Moon,* 19. Dezember 2014. www.nasa.gov/topics/history/features/apollo_8.html

2 Feldman, Christian: *Die letzten Rätsel der Bibel,* Gütersloh 2014

3 Descartes, René: *Abhandlung über die Methode, seine Vernunft gut zu gebrauchen und die Wahrheit in den Wissenschaften zu suchen,* Berlin 2017

4 Rilke, Rainer Maria: *Briefe an einen jungen Dichter,* Leipzig 1929

Alle Internetquellen wurden zuletzt am 20. 07. 2018 aufgerufen.

LITERATUREMPFEHLUNGEN

A Good Disruption: Redefining Growth in the Twenty-First Century. Martin Stuchtey & Per-Anders Enkvist, Bloomsbury 2016.

Biomimicry: Innovation Inspired by Nature. Janine M. Benyus, Perennial 2002.

Cradle to Cradle: Einfach intelligent produzieren. Michael Braungart & William Mac Donough, Piper 2014.

Faktor Fünf: Die Formel für nachhaltiges Wachstum, Ernst Ulrich von Weizsäcker, Karlson Hargroves, Michael Smith, Droemer 2010.

Geplanter Verschleiß: Wie die Industrie uns zu immer mehr und immer schnellerem Konsum antreibt – und wie wir uns dagegen wehren können. Christian Kreiß, Europaverlag 2014.

Kaufen für die Müllhalde: Das Prinzip der Geplanten Obsoleszenz. Jürgen Reuß & Cosima Dannoritzer, OrangePress 2013.

Obsoleszenz interdisziplinär: Vorzeitiger Verschleiß aus Sicht von Wissenschaft und Praxis. Schriftenreihe des Instituts für Europäisches Wirtschafts- Und Verbraucherrecht e. V., Band 37. Tobias Brönneke & Andrea Wechsler (Hrsg.), Nomos 2015.

The Circular Economy. A wealth of flows. Ken Webster, Ellen MacArthur Foundation Publishing 2015.

The Future of the Commons: Beyond Market Failure & Government Regulations. Elinor Ostrom, Institute of Economic Affairs: Occasional Papers 2012.

The Performance Economy. Walter R. Stahel, Palgrave Macmillan 2010.

What is Circular Economy. Emanuele Bompan & Ilaria Nicoletta Brambilla, Tascabili Dell'ambiente 2018.

AUTORENVITEN

Sabine Oberhuber

Sabine Oberhuber (Dipl. Betriebswirtin), gründete zusammen mit Thomas Rau Turntoo. Eines der ersten auf die Circular Economy spezialisierten Unternehmen der Welt, das Unternehmen bei der Entwicklung von neuen Geschäftsmodellen unterstützt. Sabine Oberhuber studierte an der Freien Wilhelms Universität in Münster und der ESCP European Business School.

Thomas Rau

Thomas Rau wird gern der radikale Baumeister der Niederlande genannt. Der deutsche Architekt ist seit Jahrzehnten auf dem Gebiet des nachhaltigen und energieproduzierenden Bauens führend und hat das Modell der Circular Economy zu seinem Kernthema gemacht. 2012 baute er mit seinem Büro Europas erstes Gebäude, das nach diesem Prinzip funktioniert. 2016 war er für den Fortune Circular Leadership Award des Weltwirtschaftsforums nominiert.